CW01643059

WEIHNACHTS GESCHICHTEN AM KAMIN 8

★

Gesammelt von
Ursula Richter

rororo

ROWOHLT

Im Rowohlt Taschenbuch Verlag sind bereits dreizehn Bände
mit Weihnachtsgeschichten am Kamin erschienen:
Bd. 1 rororo Nr. 15985, Bd. 2 rororo Nr. 12167,
Bd. 3 rororo Nr. 12393, Bd. 4 rororo Nr. 12717, Bd. 5 rororo Nr. 12861,
Bd. 6 rororo Nr. 13021, Bd. 7 rororo Nr. 13262,
Bd. 9 rororo Nr. 13541, Bd. 10 rororo Nr. 13697,
Bd. 11 rororo Nr. 13976, Bd. 12 rororo Nr. 22266,
Bd. 13 rororo Nr. 22417 sowie
Die schönsten Weihnachtsgeschichten am Kamin rororo 22436
und Gespenstische Weihnachtsgeschichten am Kamin rororo 22437.

67.–69. Tausend November 1998

Originalausgabe
Veröffentlicht im Rowohlt Taschenbuch Verlag GmbH,
Reinbek bei Hamburg, November 1993
Copyright © 1993 by Rowohlt Taschenbuch Verlag GmbH,
Reinbek bei Hamburg
Alle Rechte vorbehalten
Umschlaggestaltung Werner Rebhuhn
(Foto: Hubatka / Mauritius)
Satz Bembo (Linotronic 500)
Gesamtherstellung Clausen & Bosse, Leck
Printed in Germany
ISBN 3 499 13427 6

Als ich im Dezember 1983 die Idee hatte, die Hörer des Norddeutschen Rundfunks um ihre weihnachtlichen Erlebnisse zu bitten, war eine so große Reaktion nicht vorauszusehen. Sicher, weihnachtliche Erzählungen gibt es viele, aber für mich lag und liegt der Reiz darin, ganz alltägliche Geschichten, die sonst nie die Chance hätten, gesendet zu werden oder gar gedruckt, der Öffentlichkeit vorzustellen.

Die Flut der Zuschriften riß nicht ab, es kamen zauberhafte Geschichten, erschütternde Erlebnisse. Besinnliches, Heiteres und auch Mystisches erreichte uns. In einer Zeit, in der das Telefon das Briefeschreiben schon fast verdrängt hat, wie wir meinten, fanden unsere Hörer die Muße, ihre persönliche Geschichte aufzuschreiben und nicht etwa nur mit einfachen Worten...

In den Sendungen des Norddeutschen Rundfunks wurden die Geschichten von bekannten Schauspielern vorgelesen. Im Rowohlt Taschenbuch Verlag sind bisher sieben Bände mit Erzählungen aus den vergangenen Jahren erschienen. Diese Bände dienten vielen Lesern als willkommener Anlaß, die «Weihnachtsgeschichten am Kamin» selbst nachzuvollziehen; sie trugen die Erzählungen in kleiner Runde vor und kamen dadurch selbst ins Erinnern und Erzählen.

Vielleicht werden Sie, liebe Leserin, lieber Leser, durch dieses Buch an eine eigene Geschichte, ein eigenes Erlebnis erinnert. Dann schreiben Sie es doch auf und schicken es an: Ursula Richter, 24972 Roikier 40. Es könnte sein, daß Sie Ihre Geschichte im nächsten Band wiederfinden.

Ihre Ursula Richter

Uwe Bernzen

Großmutters Baisers

Während ich hier am Schreibtisch sitze, ist meine Frau in der Küche damit beschäftigt zu backen. Als ich mich vorhin dort blicken ließ, erhielt ich einen Platzverweis, weil meine Frau die ganze Konzentration auf ein Backereignis besonderer Art werfen muß und mich und meine Fragen und guten Tips dabei überhaupt nicht brauchen kann.

Meine Frau versucht sich nämlich zum erstenmal an dem Lieblingsgebäck der Familie, den Baisers. Letzten Weihnachten wurde es noch von meiner im Sommer verstorbenen Mutter gebacken. 2500 Stück backte sie, Weihnachten für Weihnachten, aß nichts davon, weil sie ihr zu süß waren, sondern verschenkte sie großzügig an die Familie, an Freunde und Bekannte. Als sie zum erstenmal 2500 Oblaten kaufen wollte, die als «Untersetzer» für dieses Gebäck dienen, konnte die Apotheke, in der sie diese kleinen weißen Scheiben verlangte, mit solcher Masse nicht dienen. Die Apothekerin, die ihr diese Oblaten dann doch besorgte, hat ihr später gestanden, daß sie damals das Gefühl hatte, es mit einer Übergeschnappten zu tun zu haben, denn ganz normal ist es ja auch wirklich nicht, wenn eine alte Dame 2500 Oblaten auf einmal verlangt.

In den Jahren, in denen in der Adventszeit ein Basar in unserer Kirchengemeinde stattfand, backte sie im übrigen noch erheblich mehr Baisers, füllte diese Köstlichkeiten in sternenübersäte Zellophanbeutel und verkaufte sie für gutes Geld und konnte damit immer einen beachtlichen Beitrag für den mildtätigen Zweck des Basars leisten.

Als unsere Kinder noch klein waren, gehörte es für sie zu den vorweihnachtlichen Höhepunkten, der Großmutter beim Backen zu helfen. Für diese dauerte dann das Backen zwar doppelt so lange, und die Küche mußte anschließend generalgereinigt werden, aber Spaß machte es ihr doch, die kleinen Bäcker in die Geheimnisse des in der Familie überkommenen Baiserbackens einzuweihen. Am 4. Advents-Sonntag, wenn alle Beteiligten sich dann wieder von der schweren körperlichen Arbeit erholt und die Kindermägen das von den Zutaten Genaschte verkraftet hatten, pflegte die liebe Großmutter zu erzählen, wie das Rezept in die Familie gekommen war, und viele Jahre lang wollten es die Kinder immer wieder hören. Sie berichtigten die Erzählerin sogar, wenn sie in einem Jahr neue Varianten in die Geschichte einbaute. Nur die ursprüngliche Erzählweise galt.

Ich habe diese Geschichte hier einmal aufgeschrieben und sie von unseren mittlerweile erwachsenen Kindern überprüfen lassen. Ich habe sogar deren Änderungswünsche berücksichtigt, so daß hier wirklich das ursprüngliche großmütterliche Original wiedergegeben wird:

«Also, das Backen habe ich bei meiner Mutter gelernt. Von der habe ich auch das Rezept von den Baisers. Als nämlich meine Mutter, eure Urgroßmutter, die schon lange tot ist, ein kleines Mädchen von neun Jahren war, da lag sie eines abends in ihrem Bett und dachte nach, was sie wohl ihren Eltern zu Weihnachten schenken könnte. Es wurde auch dringend Zeit, daß sie sich diese Gedanken machte, denn es war schon der vierte Adventssonntag gewesen und deshalb nur noch ganz wenige Tage bis zum Heiligen Abend, und eurer Urgroßmutter war bis dahin für ihre Eltern – also eure Ururgroßeltern – noch kein schönes Geschenk eingefallen. Und wie sie noch so grübelte und grübelte, schwups, da war sie eingeschlafen. Im Schlaf aber geschah etwas Wunderbares. Sie träumte, sie säße ganz alleine in dem großen Zimmer im Forsthaus mitten im Wald, ihr Vater war nämlich Förster.

Sie saß auf der Ofenbank am muckelig-warmen Kachelofen, hatte ein großes Stück Schreibpapier auf den Knien und kaute auf ihrem Bleistift. Ihre Mutter hatte ihr aufgetragen, etwas ganz Bestimmtes aufzuschreiben, aber sie wußte nicht mehr, was es war. Da hörte sie draußen vor dem Fenster ein ganz leises Läuten von einem ganz feinen Glöckchen. Sie lief ans Fenster, machte sich durch kräftiges Hauchen ein Guckloch in die Eisblumen, die das Fenster blind gemacht hatten, und schaute hinaus. Und was sah sie da? Ihr werdet es nicht erraten. Es war ein ganz kleiner Engel, der ein trauriges Gesicht machte, ja sogar weinte. In der einen Hand hatte er ein silbernes Glöckchen. Mit dem läutete er fein. «Laß mich bitte herein», rief er kläglich. «Ich friere so.» Eure Urgroßmutter bekam einen freudigen Schrecken. Sie öffnete schnell das Fenster, und herein sprang der kleine Engel. «Danke», rief er. «Vielen, vielen Dank. Weißt du, ich habe mich nämlich verflogen. An sich sollte ich zu einem lieben Kind in der Stadt, aber ich habe den Weg nicht mehr gewußt und bin mitten im Wald gelandet. Nun kann ich nicht mehr weiter. Meine Hände und Füße sind wie Eis, und auch meine Flügel kann ich kaum noch bewegen. Darf ich mich hier aufwärmen?»

«Sicher darfst du das, lieber kleiner Engel», rief da eure Urgroßmutter. Setz dich dort nur auf die Ofenbank. Ich will dir derweil schnell einen Becher heiße Milch mit Honig holen. Das wird dich von innen wärmen.» Und so tat sie es. Dem kleinen Engel aber wurde mit jedem Schluck der Honigmilch wärmer und wohler.

«Was willst du auf das Papier schreiben?» fragte der Engel freundlich. «Ich weiß es doch leider nicht, lieber Engel», rief da eure Urgroßmutter. «Die Mutter hat mir etwas aufgetragen zu schreiben, aber ich habe es vergessen.» Da lachte der Engel. «Na, war es nicht dein Wunschzettel, den du aufschreiben solltest?» – «Ja, ja, richtig, lieber Engel, das war es.

Die Mutter hat gesagt, heute sei der letzte Tag. Wenn ich auch heute nichts aufschreibe, bekomme ich nichts zu Weihnachten.» – «Siehst du», sagte der Engel, «dann schnell an die Arbeit. Mir geht es jetzt wieder gut, mir ist warm, und ich will jetzt wieder fliegen. Aus Dankbarkeit aber, weil du so lieb zu mir warst, will ich dir noch das Rezept für ein himmlisches Gebäck verraten. Das kannst du deinen lieben Eltern zu Weihnachten backen. Also, du nimmst vier Eiweiß, 400 Gramm Zucker und zwei Teelöffel Obstessig. Alles zusammen schlägst du steif (heute ist es wohl am besten, hierfür ein Handrührgerät zu nehmen). Dann mischst du grob gehackte Walnüsse oder Haselnüsse oder Mandeln darunter. Das Ganze löffelst du Portion für Portion auf Oblaten; diese sollten nicht größer als vier Zentimeter im Durchmesser sein. Eine halbe Stunde wird es dann gebacken (bei 150°–170°), und wenn die süßen Dinger dann aus dem Ofen kommen und du sie in eine schöne Dose füllst, hast du ein wohlschmeckendes Weihnachtsgeschenk für deine Eltern.»

Und dann gab der Engel eurer lieben Urgroßmutter noch einen süßen Abschiedskuß, öffnete das Fenster und flog davon. – Eure Urgroßmutter erwachte aus ihrem Schlaf und war sehr traurig, als sie merkte, daß sie alles nur geträumt hatte. Als sie aber auf ihren Nachttisch sah, da lag, o Wunder über Wunder, das Rezept für das himmlische Gebäck, aufgeschrieben von zarter Engelshand.

Sie hat die Baisers dann natürlich gleich für ihre Eltern zu Weihnachten gebacken, und das konnte sie auch, denn es ist, wie ihr ja gesehen und gemerkt habt – kinderleicht zu backen. Als aber ihre glücklichen Eltern sie am Heiligen Abend fragten, wie das Gebäck wohl hieße, da sagte sie: «Es heißt Kuß.» Sie erinnerte sich nämlich an den Abschiedskuß des Engels. Ihre Mutter aber, eure Ururgroßmutter, eine sehr vornehme, aber leider auch eine etwas hochnäsige Frau, sagte: «Das Wort ‹Kuß› klingt mir zu gewöhnlich für eine so zarte Sache. Ich nenne es französisch ‹Baiser›, was ja auch Kuß heißt.» Ja, und bei diesem Namen blieb es dann. Das Rezept wurde mir als Familiengeheimnis weitergegeben, und ich gebe es an euch und eure Eltern. Seht ihr, so habe ich das Backen der Baisers von meiner Mutter gelernt.»

Soweit die Geschichte von dem Baiserrezept, und wie es in die Familie gelangt ist. Und wenn meine Mutter es so berichtet hat, dann entspricht es mit Sicherheit auch der Wahrheit.

Übrigens: Bei dieser Familientradition können Sie sicher verstehen, warum meine Frau ihre ganze Konzentration beim Backen braucht. Es geht ja nicht nur darum, die Familienehre durch gelungene Baisers zu verteidigen. Es geht in diesem Jahr vor allen Dingen darum, uns allen die Wehmut beim ersten Fest ohne die Großmutter nicht zu groß werden zu lassen.

Rudolf Thiel

Die Schneeflocke

Rasend ging die Fahrt in Richtung Erde. Ein Wassertropfen, einer unter vielen. Doch noch hoch in der Luft geschah etwas Merkwürdiges. Bei hohem Luftdruck und Kälte verformte sich der Tropfen zu einem sternförmigen Kristall.

Eine Schneeflocke war geboren. Sie fühlte sich leicht. Das Rasen wurde weniger und ging in sanftes Schweben über. Es gefiel ihr. Die Winde trieben sie mal hierhin, mal dorthin. Es war schön so zu schweben. – Als Flocke brauchte sie nicht mehr Angst zu haben, auf ein hartes Pflaster zu fallen oder an einer Fensterscheibe zu zerplatzen, wäre sie noch ein Wassertropfen gewesen. Sie genoß dieses träumerische Schweben mit all den anderen Tropfen, die nun auch Schneeflocken waren. Sanft landete sie in einem kleinen Dorf im Holsteinischen neben einem Haus, vor einem Fenster.

Johlend kamen einige Kinder von der Schule. Es war der letzte Schultag vor dem Weihnachtsfest. Zuerst ging es zum Schlittenfahren am Dorfausgang, zu einem kleinen Hügel, der gerade die richtige Neigung zum Rodeln hatte. Unten ging es noch mal bergab, die Böschung zum Bach, der am Dorf vorbeifloß. Jetzt war er natürlich zugefroren. Anschließend ging es nach Hause. Nachdem die Kinder die Schlitten in den Schuppen gestellt hatten, kamen sie auf die Idee, einen Schneemann zu bauen.

Sie formten einen Schneeball, den sie im Schnee rollten und der immer dicker wurde. Bald hatte er die Größe, die für den Unterkörper richtig war. Eine zweite Kugel, die kleiner war, diente als Kopf. Sie wurde auf den Unterkörper aufgesetzt.

Unsere Schneeflocke wurde beim Rollen des letzten Schneeballes mit eingerollt. Sie hatte jetzt ihren Platz im Gesicht des Schneemannes. Über ihr setzten die Kinder eine große rote Karotte als Nase, die der Flocke wie der Leuchtturm hinter dem Deich oder wie der alte Meiereischornstein anmutete. Als Mund diente ein angebranntes Stück Holz aus dem Kamin, das für die Schneeflocke wie ein kleines Gebirge aussah.

Die Kinder waren zufrieden mit ihrem Werk und gingen heim.

Unsere Schneeflocke konnte durch die Fensterscheiben ins Wohnzimmer des Hauses schauen. Es weihnachtete sehr! Sie sah, wie am Heiligabend die Kerzen am Weihnachtsbaum angezündet wurden. Wie die Kinder mit leuchtenden Augen dastanden und staunten. Sie sagten wohl Gedichte auf und sangen Weihnachtslieder. Die Aufregung war groß, als die Pakete von Geschenkpapier, Schleifen und Bändern befreit wurden, die sie umgaben.

Dann sah die Schneeflocke die ganze Familie am Tisch sitzen. Der knusprige Weihnachtsbraten schien allen köstlich zu munden.

Der Lichterschein beleuchtete den Schneemann vor dem Fenster, der einen langen Schatten warf. Vom entfernten Kirchturm hörte man die Glocken läuten. Über dem Dorf, dem Haus, dem Schneemann mit unserer Schneeflocke wölbte sich der dunkle Himmel, an dem die Sterne leuchteten.

Dann war eine wunderbare Stille – «Stille Nacht».

Rudolf Thiel

Der Kohlenkasten

Dezember 1937 in Königsberg.
Wir wohnten am Stadtrand in einem Schrebergartengelände. Es waren nur etwa 15 Familien, die ständig in der Anlage lebten. Die meisten Behausungen waren Lauben und nur im Sommer bewohnt. Die Winter konnte man noch so erleben, wie wir es uns heute erträumen. Frost und Schnee bekamen wir schon im November, der bis in den März hinein liegen blieb. Alles war bei uns noch urig, Flur und Veranda eiskalt. Nur in der Küche stand der Kohleherd, und in der Wohnstube ein großer Kachelofen, der fast bis an die Decke reichte. Beide heizte man mit Papier und Holz an. Anschließend kam Steinkohle darauf und zuletzt Brikett, die wir in Zei-

tungspapier einwickelten, damit die Glut länger anhielt. Licht gaben uns Petroleumlampen, die manchmal «blakten» (d. h. die Dochte waren nicht richtig eingestellt und die Gläser verrußten).

Fließend Wasser gab es auch noch nicht. Das mußten wir mit Eimern aus den vier oder fünf Wasserpumpen, die in dem Gelände vorhanden waren, holen. Im Winter umwickelten wir sie mit Stroh. Am Auslauf bildeten sich lange Eiszapfen und bildeten so tolle Plastiken – wie in Tropfsteinhöhlen. So kam es auch vor, daß unsere Fausthandschuhe am eisernen Pumpenschwengel anfroren.

Es war nun ein paar Tage vor Weihnachten. Wir, meine Geschwister, die Kinder der Nachbarn und ich, kamen vom Rodeln, verabschiedeten uns und gingen nach Hause. Hier wurde erst mal «Schnee geräumt». In dem kniehohen Schnee waren unsere Trainingshosen (wir trugen im Winter immer dieses Zeug), die unten am Hosenbein Gummizug hatten, voller Schnee. Der Stoff war steif gefroren. Wir klopften und rubbelten, bis der gröbste Schnee von dem Zeug ab war, selbstverständlich mußte dies draußen vor der Tür geschehen.

Es wurde langsam dunkel. Über dem Herd in der Küche hatten wir ein Holzgestell «wie Sonnenstrahlen». Darüber hängten wir unsere nassen Hosen auf. Das Feuer brannte im Herd und machte den Raum schön warm. Durch das Loch in der Abdeckung des Herdes fiel der Feuerschein und malte lustige Ringe und Figuren an die Decke. Ab und zu zischte es, weil Wassertropfen von unseren nassen Hosen auf die heiße Herdplatte tropften.

Ich suchte im Flur nach irgend etwas. Dabei entdeckte ich versteckt einen neuen Kohlenkasten, den meine großen Geschwister unseren Eltern zu Weihnachten schenken wollten. Da ich von meinen Geschwistern nicht zur Verschwiegenheit vergattert wurde, kam es so, daß ich mein Wissen gleich wieder loswerden mußte. Ich rannte zu meiner Mutter und sagte: Mama, Mama, weißt du, was die Großen dir zu Weihnachten gekauft haben – «einen Kohlenkasten»! Nur gut, daß wir im Haus waren und meine Eltern dabei, sonst hätten meine Geschwister mich bestimmt verhauen.

Die Geschichte fällt ihnen auch jetzt noch nach über 50 Jahren zu Weihnachten wieder ein.

Irma Mügge

Das Glühwürmchen

Wieder stand Weihnachten vor der Tür, und der Krieg war immer noch nicht aus. Die Versorgung der Bevölkerung mit lebensnotwendigen Dingen wurde immer dramatischer. Meine Schule war schon geschlossen. Es gab weder Holz noch Kohlen, um den Klassenraum zu heizen. Jeden Tag half ich in unserem Tante-Emma-Laden aus, wenn die Leute Schlange standen nach ihrer Nährmittelration, die ihnen auf Marken zugeteilt wurden.

Bei Einbruch der Dunkelheit war es meine Aufgabe, alle Fenster im Hause zu verdunkeln. Ich führte diese wichtige Arbeit sehr gewissenhaft durch. Es durfte nicht der geringste Lichtschein nach außen dringen.

«Welcher Aufwand», dachte ich bei mir. Die Bombenangriffe fanden jetzt schon am Tage statt, wozu noch verdunkeln. Wie ich diese Dunkelheit haßte und noch mehr diesen Krieg, der immer noch kein Ende nahm.

Außer unserem Lebensmittelladen hatten wir die öffentliche Poststelle. Es war üblich, daß telefonische Aufträge auch abends noch ausgeführt wurden. So mußte ich auch an einem Abend vor Weihnachten ein Telegramm zustellen. Jede Person besaß eine runde Leuchtplakette in der Größe eines Mantelknopfes, die an der linken Seite des Oberkörpers getragen wurde. Wir nannten dieses Ding scherzhaft Glühwürmchen. Diese Leuchtplakette sollte verhindern, daß Straßenpassanten in der Dunkelheit zusammenstießen.

Ich steckte mein Glühwürmchen an meine Jacke und machte mich auf den Weg. Im Dunkeln hatte ich immer schreckliche Angst. Die Hände nach vorn gestreckt, als wollte ich blinde Kuh spielen, tastete ich mich durch die Dunkelheit. Ich fürchtete mich sehr.

Um meine Angst zu vertreiben, sagte ich laut ein Weihnachtsgedicht auf. Sollte jemand in der Nähe sein, würde er nicht nur mein Glühwürmchen sehen, sondern mich auch hören. So sprach ich mir selbst Mut zu.

Meine Großmutter hatte einmal gesagt: «Du kannst vieles entbehren und verlieren, aber niemals dein Gottvertrauen. Mit dem lieben Gott stand ich auf Kriegsfuß. Er hatte mir meine Kindheit vermasselt. Er saß weit oben hinter den Wolken und ließ mich hier so allein und ängstlich durch die Finsternis stapfen. Warum ließ er nicht wenigstens den Mond scheinen? Wann würde es endlich wieder hell werden? Die Straßen und Häuser wieder erleuchtet sein? Der liebe Gott sollte gefälligst bald Licht in die Welt bringen, wovon meine Großmutter immer so überzeugt war.

In der Ferne hörte ich das Schlurfen von Holzpantoffeln und ein Murmeln, als führte jemand Selbstgespräche. Ich horchte in die Dunkelheit. Das Schlurfen verstummte. Vorsichtig schritt ich die Dorfstraße entlang. Meine Augen hatten sich jetzt an die Dunkelheit gewöhnt. Ich konnte die Umrisse der Bäume erkennen, die die Straße säumten. Plötzlich stolperte ich über ein Hindernis und fiel der Länge lang hin.

In der ersten Schrecksekunde dachte ich, hier mochte wohl ein Sack liegen, der von einem Ackerwagen gefallen ist. Ich tastete nach dem Telegramm. Doch jetzt faßte ich in ein menschliches Gesicht. Ich war zu Tode erschrocken und schrie laut auf. Durch meinen Schrei aufgeschreckt, öffnete der Wirt der nahen Gaststätte die Tür und rief: «Wat is do laus?» – «Hier liegt ein Toter.» stotterte ich. «Dat will ik seh'n», entgegnete der Wirt und kam näher. Er zündete ein Streichholz an und leuchtete dem leblosen Körper ins Gesicht. «De is nich daut, de is dun», lachte der Wirt und versuchte, die Schnapsleiche zum Leben zu erwecken. Ich jedoch, noch zitternd vor Angst und Schrecken, setzte meinen Weg fort. Schlimmeres konnte mir jetzt wohl nicht mehr passieren. Mit klopfendem Herzen und noch weich in den Knien, erreichte ich den Bauernhof, wo ich das Telegramm abgeben sollte.

Auf diesem Hof kannte ich mich gut aus. Geräusche und Stimmen drangen aus dem Waschhaus, das neben dem Wohngebäude lag. Froh, endlich bekannte Stimmen zu hören, ging ich zielstrebig auf das Waschhaus zu und war bald von dichtem Wasserdampf und aufgeregtem Stimmengewirr umgeben. Bevor mir klar wurde, was hier zur späten Stunde los war, schob die Bäuerin mich mit einem energischen Griff zur Tür hinaus. Sie führte mich, noch immer fest im Griff haltend, ins Wohnhaus.

Auch hier wurde ich zuerst mit aufgeregten heftigen Worten angefahren, was ich denn hier so spät noch zu suchen hätte. Bevor ich dazu kam, der Bäuerin das Telegramm auszuhändigen, mußte ich ihr versprechen, niemals ein Wort zu erzählen, von dem, was ich hier gesehen hatte. Ich versprach es, obwohl ich außer Wasserdampf nichts gesehen hatte. Doch es roch verdächtig nach frischer Wurst und Brühe. Die Bäuerin beauftragte die Magd, mir einen Korb mit Äpfeln zu holen. Endlich konnte ich nun auch mein Telegramm aushändigen. Ich stand wortlos an den dicken Eichentisch gelehnt, auf dem Töpfe, Eimer und Holzmollen standen. Plötzlich stößt die Bäuerin einen Freudenschrei aus und umarmt mich so heftig, daß ich kaum wußte, wie mir geschah. Ich war überrascht von diesem plötzlichen Sinneswandel. Sie drückte mich immer wieder an sich und stammelte: «Du bist ein Engel.» Nun verstand ich überhaupt nichts mehr. Wie ein Engel fühlte ich mich wirklich nicht. Die Bäuerin erholte sich langsam von ihrer Freude und gab mir das Telegramm zu lesen. Ihr Sohn, der schon seit vier Jahren an der Front war, hatte das Telegramm geschickt. Er teilte darin mit, daß er zu Weihnachten auf Urlaub kommt. Ich war ganz unbewußt ein Freudenbote geworden.

Auf meinem Heimweg hatte ich überhaupt keine Angst mehr.

Als ich an die Stelle kam, wo die Schnapsleiche gelegen hatte, sah ich einen Punkt leuchten – wie ein Stern. Ich bückte mich danach und sah mein Glühwürmchen dort liegen. Ich hatte es bei meinem Sturz verloren.

Ja, es war doch ein schöner Abend. Ich war ein Engel mit einem kleinen leuchtenden Stern, der eine Freudenbotschaft brachte.

Robert O. G. Anger

Geschenkidee

Die Zeit des Wartens bricht jetzt an,
des Wartens auf den Weihnachtsmann.
Was wird er wohl, für uns zum Segen,
dort unter jenes Bäumchen legen.

Hat er den Zettel auch bekommen
mit all den Wünschen, unser'n frommen.
Und jeder freut sich auf den Tag,
der in vier Wochen kommen mag.

Was hat da jeder noch zu tun,
und keiner hat die Zeit zu ruh'n.
Auch hat er über all dem Hetzen
kaum Zeit, sich auch mal hinzusetzen.

Mal Platz zu nehmen und zu denken,
dem Nächsten etwas Zeit zu schenken.
Denn Zeit ist kostbar heutzutage:
sie *nicht* zu haben ist die Plage.

Das leicht gefragte «Na, wie geht's?»,
für unser Desint'resse steht's!
Ganz drinnen ist's uns doch egal,
ob er geplagt von einer Qual.

Die Angst wird heute groß geschrieben.
Wer will denn heut den Nächsten lieben!
Ist Frieden nur ein leeres Wort?
Wie leicht fliegt dieser Engel fort.

Seht dieses Fest der Liebe so:
Nur miteinander wird man froh.
Drum schenkt ein wenig eurer Zeit
dem Nächsten. Er ist gar nicht weit.

Anneliese Böckenhauer

Das Ewige Licht

Vor vielen vielen Jahren lebte einmal ein Mann, welcher sich darauf verstand, die schönsten Kerzen zu fertigen, die es je gegeben hatte. Eines Tages jedoch schuf er eine ganz besondere Kerze, die alle anderen, die der Meister bisher geschaffen hatte, so weit an Schönheit übertraf, daß Menschen von weitherkamen, um sie zu bewundern. Auch war geweissagt worden, daß diese Kerze einst das Ewige Licht erhalten sollte, das bedeutete, daß ihre Flamme von der Zeit an unauslöschlich sein würde, wo der größte König aller Zeiten sie mit der Hand berühren würde. Jahre vergingen, es kamen täglich Menschen, um die schönste aller Kerzen mit eigenen Augen zu sehen, jedoch der größte aller Könige war noch nicht unter ihnen. Eines Abends jedoch zu später Stunde trat ein gar vornehmer Herr in die Kapelle, in welcher die Kerze stand. Er schien von edelster Abstammung zu sein. Sein Gewand war mit funkelnden Perlen und Diamanten besetzt, seine Wesensart so ehrfurchtgebietend, daß die Kerze ihn voller Verwunderung anschaute. Wenn einer der größte König ist, durch welchen ich das Ewige Licht erhalte, dachte sie bei sich, so kann es nur dieser sein. Sie bemühte sich, noch heller und schöner zu leuchten als je zuvor, und in ihrem Lichte funkelten die Diamanten auf dem Gewand des Fremden, daß es eine Lust war, sie anzusehen. Der König, welcher aus fernen Landen kam, betrachtete sie mit Wohlgefallen, als es ihn jedoch gelüstete weiterzureisen, wurde die Flamme gelöscht, und die Kerze wußte, daß dieser doch nicht der König war, auf den sie seit Jahren wartete. Sicher wird es noch einen größeren geben, dachte sie und blickte hochmütig auf eine kleinere Kerze, die neben ihr stand und so klein und schmächtig war, daß man ihr Licht, das hin und wieder auch einmal leuchtete, kaum sehen konnte.

Wieder vergingen Wochen und Monate, und abermals erschien ein König aus fremden Ländern, um die Kerze zu sehen, deren Ruhm weit bis zu ihm hinausgedrungen war. Wieder leuchtete sie, als müsse sie mit ihrem Licht das Dunkel in aller Welt vertreiben, doch auch diesmal war es nicht unauslöschlich geworden.

Die Zeit verging, und allmählich war es Winter geworden. Während die Kerze noch auf den verheißenen König wartete, klopfte es eines Abends an die Tür, und zwei Menschen traten ein. Sie waren gar ärmlich gekleidet. Die Frau trug ein Kind auf dem Arm, welches sie von Zeit zu Zeit mit müden, traurigen Augen anschaute. Der Mann mochte wohl ein armer Tagelöhner sein. Beide sahen aus, als müßten sie jeden Augenblick umfallen. «Hätten wir nur etwas Licht, daß es nicht gar so dunkel wäre», klagte die Frau. «Wir wollen sehen, wie wir uns dazu verhelfen können», entgegnete der Mann, und dabei blickte er die Kerze mit bittenden Augen an. Sollte ich etwa für diese armseligen Menschen mein Licht verschwenden, dachte die Kerze für sich, ist es mir denn nicht vorausbestimmt, einem König zu leuchten, welcher der größte ist? So sehr der Mann sich auch bemühte, ihr Licht zu entzünden, es wollte ihm nicht gelingen. Da fiel sein Blick auf die kleine Kerze. «Wenn uns das große Licht nicht leuchten will», sagte er schließlich, «so wollen wir mit dem kleinen vorlieb nehmen, es wird uns niemand verwehren, dieses bescheidene kleine Lichtlein an uns zu nehmen.

Mit der kleinen Kerze in der Hand verließen sie die Kapelle und wanderten durch die Nacht. Endlich waren sie bei einem Stall angekommen, welches die Herberge dieser beiden armen Menschen zu sein schien. Das Kindlein wurde in eine Krippe gelegt, in der es zitterte und fror, denn es hatte kaum ein Decklein, mit dem man es vor der grimmigen Kälte hätte schützen können. Voller Mitleid blickte die kleine Kerze auf das Kind. «Hätte ich nur ein Licht, so groß und stark wie jene andere Kerze, dachte sie in ihrem bescheidenen Sinn, so wollte ich wohl leuchten und dem Kindlein so viel Wärme spenden, daß es nimmermehr zu frieren brauchte. Aber ach, ihr Lichtlein war ja so klein, daß noch niemand es richtig angeschaut hatte. Da beugte der Mann, welcher Josef hieß, sich nieder und versuchte die Kerze zum Brennen zu bringen, und siehe da, ihre Flamme leuchtete plötzlich so groß und mächtig, wie nie zuvor. Das Kindlein in der Krippe hörte auf zu zittern, und es war, als spüre es die Kälte augenblicklich nicht mehr. Der Kerzenschimmer fiel auf die blonden Locken des Knaben, und die kleine Kerze meinte, noch nie ein schöneres Kind gesehen zu haben. Doch da geschah es, daß ein Windzug die Tür aufriß und der eisige Wind die Stirn des Knaben streifte. Die Kerze fürchtete, daß er ihr Licht ausblasen und das Kindlein wieder frieren würde. Da hob der Knabe die Hände, und mit den äußersten Fingerspitzen gelang es ihm, das Licht der kleinen Kerze zu berühren. Der Wind fuhr über sie hinweg, aber sie spürte voller Verwunderung, daß ihr Licht ihm standhielt. Es leuchtete in die Nacht hinein, und das Knäblein in der Krippe lächelte leise vor sich hin.

Die große Kerze wartete indessen noch immer auf den König, welcher ihr das Ewige Licht bringen sollte. Sie wußte nicht, daß sie eben diesem ihr Licht verwehrt hatte und das

Ewige Licht somit für immer an ihr vorübergegangen war. Doch unauslöschlich war das Licht der kleinen Kerze, welche zuerst dem König geleuchtet hatte, welcher der größte aller Könige ist, in Dunkel und Armut geboren und in die Welt gesandt, der Menschheit das große Licht zu bringen, von dem die kleine Kerze selber einen Teil der Liebe und der Wärme gespendet hatte.

Anneliese Böckenhauer

Das Weihnachtslicht

Das Weihnachtslicht bring ich zu Dir
und bitt Dich, nimm es an von mir.
Es ist so mancher sehr allein,
es mag viel Dunkel um ihn sein,
so mancher Mensch, der einst ihm nah,
ganz plötzlich ihm ein Fremder war,
wo man einander einst verbunden,
wird nun erneut kein Weg gefunden.
Wie einsam ist nun jeder Steg,
es ist kein Licht auf seinem Weg.

Drum magst dies Licht Du zu ihm tragen,
die Weihnachtsbotschaft ihm zu sagen,
daß es erwärmt, daß es erhellt
das tiefe Dunkel dieser Welt.
In uns'rem Heiland Jesu Christ
ein jeder Mensch geborgen ist;
und sei auch dieser noch so klein,
wird er doch lieb und wert ihm sein.

Drum klopf ich leis' an Deine Tür
und bitt von Herzen, öffne mir.
Sieh an der Kerze hellen Schein,
auf daß es Weihnacht möge sein.

Edgar Dembeck

Die glückliche Eisblume

Sie erinnern sich noch an die hübsche Schneeflocke Susanne, die sich in den kranken Thomas verliebte und dann in eine silberne Glücksträne verwandelt wurde, als sie auf seinem Handrücken landete?

Sicherlich, werden Sie antworten!

Das Entscheidende aber war, daß der zehnjährige Thomas an diesem besagten Heiligabend wieder ganz gesund wurde. Ja, seine Behinderung war einfach verschwunden. Einfach so und ohne irgendwelche ärztliche Hilfe.

Thomas stieg aus seinem Rollstuhl. Erst ganz vorsichtig, dann aber mit Mut und neuer Kraft. Nach einigen zögerlichen Schritten ging er auf seinen staunenden Vater zu und umarmte ihn wortlos. Sogar die Menschen, welche aus der Kirche kamen und soeben die wunderbare Weihnachtsgeschichte gehört hatten, blieben trotz des heftigen Schneesturms stehen und schauten gerührt diesem Wunder zu. Manche, die Thomas und den Vater gut kannten, gingen spontan auf beide zu und gratulierten herzlich. Einige gaben Thomas die Hand und strichen ihm liebevoll über den Kopf. Andere hatten vor Freude einen Kloß im Hals. Man spürte es ganz genau. Es war ein großes Wunder geschehen, und Thomas, der viele Jahre an den Rollstuhl gefesselt war, konnte wieder laufen, spielen, tanzen und mit anderen Kindern große Schneemänner bauen.

Ein Wunder? War es ein Wunder? Es war viel mehr! Es war der Glaube! Der feste Glaube an die Liebe. Auch die Liebe zwischen einer Schneeflocke und einem Menschen konnte so stark sein! Diese große Liebe. Die Hingabe für einen fremden Menschen. Diese Uneigennützigkeit war für das göttliche Universum entscheidend. Und die höheren Engel des Universums kamen noch zu einem weiteren Ergebnis: In kürzester Zeit – das wäre frühestens nach einem Jahr – wird die ehemalige Schneeflocke Susanne wieder auf die Welt kommen. Ja, Sie haben richtig gelesen! Susanne wird zu einem neuen Leben wiedergeboren und erhält einen weiteren göttlichen Auftrag. Da sie aber nach den göttlichen Gesetzen keine Schneeflocke mehr werden konnte, wurde ihr ein Leben als Eisblume vorbestimmt.

So wurde am frühen Weihnachtsmorgen eine phantastische Eisblume geboren. Gerade in jenem Augenblick, als die Glocken der alten Feldsteinkirche dreimal schlugen. Das waren besonders wunderbare Töne. Etwa so, wie wenn sich zwei wertvolle Trinkgläser zärtlich berührten. Der Schall breitete sich rasch fort. Nein, es war eine liebliche Melodie, die über das weite, verschneite Land zog. Unaufhaltsam bis zu einer reetgedeckten Kate, die unmittelbar am großen See stand und dem alten Fischer gehörte. Und genau das kleinste Fenster mit der hübsch gewölbten Butzenscheibe wurde von diesem Klang der Glocken erfaßt. Zuerst vibrierte sie leicht, dann verbeugten sich sanft die warmen Töne vor dem Glas und legten sich schließlich auf die kalte Scheibe. Danach erschien für einen kleinen Moment ein strahlend helles Licht, dann wurde es still an diesem Fenster, das an dem Fußweg zur Kirche lag.

In dieser himmlischen Stille wurde genau an diesem Ort

eine junge Eisblume gezeugt. Nur eine einzige, die dafür um so schöner war. Noch etwas zaghaft und benommen klammerte sich die Eisblume an die kalte Butzenscheibe; aber nach und nach breitete sie sich immer mehr aus. Von Rand zu Rand. Dabei lief sie mit großer Geschwindigkeit über die Scheibe, bis sie die gesamte Fläche mit einer weißen, glitzernden Schicht überzogen hatte. Als dann noch die ersten Sonnenstrahlen die Eisblume berührten, spiegelten sich in ihr die schönsten Farben. Diese waren von einer solchen Ausstrahlung, daß sogar die Sonnenstrahlen wortlos wurden und sich ehrfürchtig vor dieser einmaligen Eisblume verbeugten.

Die junge Eisblume war so überglücklich, daß sie vor Freude mit ihren langen Fingern bizarre Bilder an die Scheibe malte. Am Ende entstand ein wunderbares Gemälde aus Abertausenden kleiner und größerer Sterne, die alle nach einem bestimmten Muster aufgebaut waren.

Prachtvoll und zufrieden strahlte nun die Eisblume und hoffte, daß sie auch von den vorübergehenden Menschen beachtet werden würde. Besonders toll wäre es, wenn sie sogar liebevoll angesprochen oder gar berührt werden würde! Das wäre das Schönste in ihrem kurzen aber glücklichen Leben, und dann wäre ihre Freude so groß, daß sie sich sofort in eine kleine, bunte Glasperle verwandeln würde. Das wäre einfach wunderbar und der Traum jeder Eisblume! Sie wußte natürlich auch, daß an diesem Weihnachtsmorgen die Chance sehr groß war, gesehen zu werden.

Da es in den letzten Tagen vor Weihnachten sehr viel geschneit hatte, entstand ein schmaler Trampelpfad, der als Abkürzung von der Dorfkirche in den Ort diente und unmittelbar bei ihr vorbeiführte.

Sie mußte wirklich nicht lange warten, als von weitem Stimmen zu hören waren. Diese lachenden und fröhlichen

Kinderstimmen kamen immer näher. Schnell schaute sie nochmals hoch zum strahlendblauen Himmel und zur warmen Sonne, die in diesem Augenblick ihre hellsten Scheinwerfer auf die erwartungsvolle Eisblume richtete. Strahlend betrachtete sie ihren bildschönen, glitzernden Körper.

Die ersten Kinder liefen achtlos an der Kate vorbei. Sie bewarfen sich mit Schneebällen, kicherten dabei und stupsten sich gegenseitig in den hohen Schnee. Dabei wurde die Eisblume beinahe von einem riesigen Schneeball am Kopf getroffen. Das wäre ihr Ende gewesen. Die Stimmen entfernten sich immer weiter. Dann wurde es ganz ruhig. Fast schon zu still. Die Sonne zuckte mit den Achseln mitleidsvoll, der Himmel schaute etwas verlegen zur Erde, und der kalte Wind bedauerte mit einem leisen Stöhnen den traurigen Umstand, daß zwischen den Kindern und der Eisblume keine Begegnung stattgefunden hatte. Hilfesuchend schaute sich die Eisblume nach weiteren Kindern um. Dann blieb ihr beinahe das Herz stehen! Sie kamen tatsächlich näher. Die beiden Kinder, ein Junge und ein Mädchen, stiefelten durch den tiefen Schnee Richtung Kate. Da erkannte die Eisblume in dem Jungen ihren Thomas, der in Begleitung eines schwarzhaarigen Mädchens war. Zwischendurch hielten sie sich an den Händen fest, um so besser im Schnee voranzukommen.

Da fiel der Eisblume ein, daß es sich bei dem Mädchen um die zehnjährige Siza aus dem ehemaligen Jugoslawien handelt. Weiter wußte sie, daß sie mit anderen gleichaltrigen Kindern, die ebenfalls keine Eltern mehr hatten, aus dem dortigen Kriegsgebiet nach Norddeutschland gekommen war. Um so mehr freute sie sich, daß ausgerechnet die beiden zu ihr an das Fenster kamen. «Schau mal, Siza. Siehst du dort an der kleinen Fensterscheibe diese wunderbare Eisblume?» fragte Thomas und zeigte mit seinem rechten Zeigefinger auf die vereiste Scheibe. Siza, die inzwischen schon ganz gut die deutsche Sprache verstand, antwortete fast verwirrt: «Ich kann keine Blume sehen! Wo ist denn hier eine? Zeig sie mir bitte!»

Thomas lachte laut und legte seinen Arm um Sizas Schultern.

«Weißt du, es ist keine richtige Blume, wie du sie kennst. Sie sieht nur so hübsch aus und ist vollkommen aus Eis! Siehst du, wie sie in vielen bunten Farben schimmert! Siehst du den schlanken Stengel und die schönen, lustigen Blüten?»

Sizas Augen fingen an zu strahlen und zu leuchten. Die Eisblume, die das Gespräch mit angehört hatte, wurde fast verlegen vor so vielen Komplimenten. Siza kam mit ihrem Gesicht ganz nahe an die Eisblume; dann berührte sie sie fast liebevoll und ehrfürchtig und flüsterte Thomas leise ins Ohr: «Solche schönen Blumen habe ich in meinem ganzen Leben noch nicht gesehen. Sie sind einfach wunderbar, nur schade, daß man sie nicht pflücken kann!»

Beide Kinder standen noch eine Zeitlang vor dem Fenster und bewunderten diese winterlichen Erscheinungen. Danach faßten sie sich an den Händen und stapften freudig durch den Schnee Richtung Dorf.

Die Eisblume aber war in diesem Augenblick der Berührung so unsagbar glücklich, daß sie den beiden jungen Menschen für die Zukunft viel Glück, viel Liebe und vor allem Frieden auf Erden wünschte. Und sie war sich ganz sicher, daß dies eines Tages geschehen würde. Zurück blieb eine winzigkleine, hell leuchtende Glasperle.

Edgar Dembeck

Weihnachten 1993

Weihnachten das Fest der Freude,
für alle Menschen auf Erden,
schenken wir Frieden nicht nur heute,
auf daß wir wirklich glücklich werden!

Wir wünschen uns ein frohes Fest,
ohne Streit und ohne Hetz,
ganz viel Frieden für die Menschen,
die täglich um ihr Leben kämpfen.

Glückliche Augen in der Winterszeit,
freudige Herzen ohne Leid,
schenken wir uns doch die Liebe,
daß ewig Frieden zwischen uns bliebe.

Freuen wir uns über diese Gaben,
die zur Zeit nicht alle Menschen haben,
werden wir einen Moment doch still,
so wie es das Christkind haben will.

Das Geschenk der Weihnachtszeit ist die Liebe,
denken wir doch alle stets daran,
und hoffen, daß sie wirklich ewig bliebe,
auf daß wir für immer bleiben in diesem Bann!

Das Weihnachtsfest ist nun gekommen,
wir sind von diesem Glück noch ganz benommen,
aber es ist einfach wunderschön,
in wahrer Liebe auf die Menschen zuzugehn.

Gerhard Bröhl

Vorweihnachtszeit 1992

Nun bin ich schon über zehn Jahre als Vormund für Kinder und Jugendliche im Jugendamt tätig.

Wie jedes Jahr will ich wieder einige der Kinder und Jugendlichen beschenken. Wünsche werden erfragt, die Geschenke besorgt und ansprechend verpackt, mit Anhängern versehen und für jeden ein Beutel mit Süßigkeiten zusammengestellt. Dann wird die Mehrzahl der Jugendlichen zum Empfang der Geschenke bei einem Gespräch mit mir eingeladen.

Dies alles trägt sich in der Vorweihnachtszeit zu. Wie schon mehrere Jahre, so ist diese Zeit wieder einmal nicht gerade von Besinnlichkeit geprägt, sondern im Gegenteil von Hektik und problematischer Arbeit. Weihnachtsstimmung will sich trotz mannigfaltigen Bemühens auch bei Kerzenschimmer, Weihnachtsliedern und -geschichten nicht so recht einstellen.

Ende 1992 ist ja auch unter anderem die Zeit der Ausländerfeindlichkeiten und der Asyldiskussion. Gerade in diesem Jahr bin ich Vormund eines nicht von den Eltern begleiteten Jugendlichen aus Angola geworden. Er spricht schon ganz gut deutsch und will auch bei uns in Deutschland bleiben. Wenn er die Schule abgeschlossen hat, möchte er gern Arzt werden.

Zu Weihnachten wünscht er sich Sachen, die er sich lieber selbst kaufen möchte. Also bekommt er das Geld ausgehändigt und will mir nach dem Kauf die Quittungen bringen.

An dem Tag aber, als wir verabredet waren, kommt mit der Dienstpost ein an mich adressiertes Päckchen. Absender ist mein Mündel aus Angola – der unbegleitete jugendliche

Asylbewerber, der nun wirklich nicht über viel Geld verfügt. Neugierig öffne ich das Päckchen und lese die beiliegende Weihnachtskarte, mit der er mir «Frohe Weihnachten und ein gutes neues Jahr» wünscht. Dann packe ich das nett in Walt-Disney-Papier eingewickelte Geschenk aus: eine schleichende Katze auf zwei Büchern aus Porzellan.

Meine Freude ist groß. Sicher, es ist nicht die erste Aufmerksamkeit, die ich als Vormund im Laufe der Jahre von einem Mündel bekommen habe – aber das ist jetzt doch etwas Besonderes in diesem Jahr.

Später an diesem Tag kommt er mit einem Freund und bringt die Quittungen. Aus meinem herzlichen Dankeschön entwickelt sich ein Gespräch über Weihnachten. Ich erzähle von der deutschen Weihnacht – wir hören dazu bei Kerzenschein Weihnachtslieder und essen Süßigkeiten. Er berichtet, daß es in seiner Heimat – zumindest bei seiner Religionsgemeinschaft – das Weihnachtsfest nicht gibt. Er wird dieses Jahr den Weihnachtsabend in einem Heim für jugendliche Asylbewerber mit seinen Mitbewohnern gemeinsam bei Julklapp, Essen und Trinken feiern.

Nachdem wir uns allgemein über Musik unterhalten haben, scheiden wir mit den besten Wünschen für den anderen voneinander.

Jetzt ist doch auch in diesem Jahr noch ein bißchen Weihnachtsstimmung bei mir aufgekommen, obwohl nicht nur in Deutschland, sondern auch im ehemaligen Jugoslawien und in Somalia die Welt aus den Fugen zu geraten scheint.

Elisabeth Wesely

Ein ungewöhnliches Weihnachtsgeschenk

Ihr wißt ja, daß Weihnachten eine schwierige Sache ist. Wie ich das meine? Denkt an die vielen Geschenke, die man sich ausdenken und nach denen man oft regelrecht fahnden muß. Hat man auch das Richtige getroffen, das ist die Frage. Wird die Oma sich über den Herzwein freuen und der Opa über die teueren Zigarren? Was weiß man schon von den Alten!

Noch hatte ich nicht alle Gaben beisammen und die Zeit wurde immer knapper. Weihnachtskekse mußte ich auch noch backen; abgesehen davon, daß noch ein wütender Wohnungsputz und – zur Verschönerung – eine Dauerwelle vor mir lagen.

Mitten in dieser außerordentlichen Hektik erwischte mich ein Bio-Tief, wie man heute das Niedergeschlagensein zu nennen pflegt.

Da erschien – als rettender Engel – meine Großtante Anna und erzählte mir zum Trost folgende Geschichte:

Sie hatte vor vielen, vielen Jahren das Weihnachtsfest gut vorbereitet, so meinte sie. Alle Geschenke lagen bereit, mit Schleifchen, Kärtchen und buntem Glitzer geschmückt, bereit für das Fest, für den Platz unter dem Weihnachtsbaum. Da fiel ihr siedendheiß ein: sie hatte bei der großen Zahl der Familienmitglieder ihren eigenen Bruder vergessen. Was sollte sie ihm schenken – ein Buch wie alljährlich? Der Gedanke gefiel ihr gar nicht. Schlips, Hemd oder gar Socken waren unter ihrer Würde. Für ein neues Auto hatte sie kein Geld. Sonst hatte er aber auch alles, was sein Herz begehrte. Nein, das stimmte nicht! Eines, das er sich sehnlichst wünschte, hatte er nicht. Seine Ehe war kinderlos geblieben.

«Und», so sagte sie, «gelang es mir, das schönste Weihnachtsgeschenk meines Lebens zu übergeben.

Ich kaufte ein feines gelbes Kärtchen mit Umschlag. Kein rosafarbenes oder hellblaues. Du siehst mich an und verstehst mich nicht, stimmt's? Dann muß ich es dir deutlicher sagen: wegen des Geschlechts. Noch immer verstehst du nicht, ich sehe es.

Auf dieses Kärtchen schrieb ich:

‹Lieber Bruder – ich schenke Dir, was Du Dir schon lange gewünscht hast. Ich schenke Dir ein Kind. Du übernimmst die Patenschaft für einen Jungen oder ein Mädchen aus einem armen Land; ich übernehme die Kosten. So bereitest auch Du mir eine Freude: das Beteiligtsein. Ich hoffe, daß Dir dieses Christkind viel Freude bereiten wird.

Deine Schwester Anna›

Nach dem Weihnachtsfest und der gelungenen Überraschung bemühten wir uns um eine Patenschaft, und mein Bruder bekam – wenn auch schon etwas angegraut um die Schläfen – ein Kind, ein kleines Mädchen, das in Indien zu Hause war. Das Kind lernte auf irgendeinem Wege deutsch und schrieb ihm rührende Dankesbriefe, die er mit viel Freude und Begeisterung las. Es dauerte nicht lange, bis er das ewige Geschreibe tüchtig satt hatte. Da er nicht arm war, kaufte er sich eines Tages ein Flugticket und startete direkt in eine andere, die indische Welt. Voller Staunen sah er, wie anders man lebte, sich bewegte, dachte. Den größten Eindruck machte ihm jedoch die Fröhlichkeit der vielen Waisenkinder, trotz der sehr ärmlichen Umgebung, in der sie und sein Patenkind lebten.

Wieder heimgekehrt, gelang es ihm, mit vieler Mühe, das Kind zu adoptieren und nach Deutschland zu bringen. Wie sich die beiden liebten, der ältere Mann und das kleine, zierliche Mädchen. Das solltest du gesehen haben!

Du weißt ja, daß mein Bruder nun schon einige Jahre tot ist. Das Mädchen blieb in Deutschland bis zum Tode seiner Frau, ihrer Pflegemutter, die sie mit Hingabe gepflegt hatte. In der gleichen Zeit hatte sie einen indischen Studenten kennengelernt, der in London studierte. Sie heirateten und gingen zurück in ihre Heimat. Ab und zu kommt noch ein Gruß. Hat dir noch niemand diese Geschichte erzählt? Das wundert mich aber!»

Ich schüttelte den Kopf. Es war wirklich erstaunlich, aber ich vernahm diese Geschichte zum allerersten mal. Dabei war sie so romantisch.

Der Kaffee, den ich aufgetischt hatte, war während des Erzählens erkaltet. Sollten wir neuen brauen? Lieber nicht, meinte die Tante. Du hast noch viel zu tun und einiges zu überdenken. Richtig. Sie hatte mir den Weg aufgezeigt, den einfachen und oft beschwerlichen Weg der Liebe.

Alleine geblieben, kochte ich mir doch noch eine Kanne voll des Türkentranks. Beim Vor-mich-Hinsinnen kamen mir die besten Ideen, denn der aromatische Duft beflügelte sie.

Die zumeist selbstgebastelten, selbst hergestellten und auf den Empfänger abgestimmten Weihnachtsgeschenke wurden ein großer Erfolg. Wie warm wurde mir um das Herz!

«Aber das schönste Geschenk», so sagte mein kluger Vater am Schluß dieses schönen Tages, «ist die Zeit und Liebe, die du an diesem und allen anderen Tagen für uns übrig hast!» Das war ein gutes letztes Wort.

Die Schränke mußten warten und wurden viel, viel später aufgeräumt. Auch Kekse und Naschwerk gab es nicht so viel wie sonst – wir waren sowieso alle ein wenig zu mollig.

Gerhard Bahr

Die verkannte Nachbarin

Man fragt sich oft, weshalb eigentlich erst ein Unglück geschehen muß, bis Menschen zueinander finden. Das folgende Erlebnis hatte ich zwar während des Krieges, es wäre aber auch heute in ähnlicher Form durchaus denkbar.

In der Adventszeit im Jahre 1944 lebten meine Eltern zusammen mit mir in Berlin; wir wohnten in einem typischen Mietshaus. Die Mieterin der zweiten Wohnung auf unserer Etage war eine ältere Witwe, die gelegentlich nachbarliche Hilfe benötigt hätte, doch sie lehnte kategorisch alle gut gemeinten Angebote ab und verhielt sich gegenüber allen Bewohnern des Hauses sehr wortkarg.

Eines Tages verspürte mein Vater in unserm Treppenhaus einen starken Gasgeruch; er klingelte deswegen an der Wohnungstür unserer Nachbarin – aber sie öffnete nicht. Unheil ahnend zerschlug er die Fensterscheibe ihres Küchenfensters und stieg in die Wohnung ein. Er fand die alte Dame leblos vor ihrem Gasherd liegen.

Die alarmierte Feuerwehr brachte die Verunglückte in ein Krankenhaus. Bereits auf der Fahrt verliefen die Wiederbelebungsversuche – wie meine mitfahrende Mutter beobachten konnte – erfolgreich, so daß die Kranke nach einigen Tagen wieder gesund in ihre Wohnung entlassen werden konnte.

Wie verwandelt begrüßte uns die sonst mürrische Frau überaus freundlich und unterhielt sich mit uns, als seien wir immer gute Bekannte gewesen.

Kurz vor den Weihnachtstagen erklärten meine Eltern mir, daß wir das Fest nicht wie gewohnt feiern könnten, weil wir als Ausgebombte am Rande des Existenzminimums lebten. Ich befand mich im 17. Lebensjahr und zeigte für ihr

Anliegen Verständnis. Insgeheim fragte ich mich jedoch, ob man so ein bedeutsames christliches Fest einfach ausfallen lassen kann... Es traf zwar zu, daß wir weder Brennholz für den Ofen, noch genügend zu essen hatten; es gab keine Weihnachtsbäume zu kaufen, und die Bibel, aus der wir das Weihnachtsevangelium hätten lesen können, war auch verbrannt.

Anderntags borgte ich mir einen Handwagen und bat die Mutter, mich zu begleiten. Wir gingen in die nahe gelegene Hasenheide und zwar zu der Stelle, wo bayerische Köhler aus Ruinenbalken Holzkohle brannten.

Ich stieg in der Abenddämmerung über den Maschendrahtzaun und «organisierte» – wie es damals hieß – zwei dicke Kanthölzer. Gerade in dem Augenblick, als ich sie keuchend über die Einfriedung stemmte, erwischte mich ein Polizist. Mein erster Gedanke war: «Jottchen nee, jetzt sitzte Weihnachten im Knast!»

Nach dem ersten Schreck nahm ich artig meine Mütze ab und sagte: «Herr Wachmesta, wir sind ausgebombt und benötigen dringend Brennholz für die Feiertage!»

Der Ordnungshüter antwortete zu meiner Überraschung: «Is jut Junge, ick hab nuscht nich jesehen!» –

Nachdem mein Holz einen Tag später zersägt und gehackt vor dem nun warmen Kachelofen lag, erschien unerwartet mein Freund. Er wollte unbedingt mit mir Tannenbäume «organisieren» gehen; denn seine kleinen Brüder verlangten danach. Also tippelten wir mit Beil und Säge im Sack zum nahen Tempelhofer Flugplatz.

Dort, wo später die sogenannten «Rosinenbomber» landeten, fanden wir neben einem Bombenkrater eine hohe Fichte, die wenigstens noch eine heile Spitze und einseitig Äste trug. So kamen seine Geschwister zu ihrem Christbaum und ich zu einem Bündel Tannengrün. Selbstverständlich bekam unsere Nachbarin – wir nannten sie inzwischen «Mutter Behrend» – etwas Brennholz und einen schönen Fichtenzweig ab. Sie revanchierte sich dafür prompt mit Christbaumschmuck.

Trotz meiner Vorbereitung wollte am Heiligabend in unserer kleinen Familie keine rechte Stimmung aufkommen. Gerade während meine Mutter sich heimlich eine Träne trocknete, schellte es an der Wohnungstür. In der geöffneten Tür stand unsere Nachbarin mit Weihnachtsgeschenken. Wir empfingen zu unserer großen Überraschung u. a. eine wunderschöne alte Bibel, die ich heute noch besitze. Damals war es Mutter Behrend, die uns durch ihr Verhalten zeigte, wie man in der Not mit dem Nächsten teilen muß.

Elisabeth Heyer

Bedingungsloser Gehorsam

Meine Eltern hatten uns Kindern immer wieder eingeprägt, grundsätzlich nichts von fremden Leuten anzunehmen.

Wir schrieben das Jahr 1942 und befanden uns in der Adventszeit. Ich besuchte damals eine kirchliche Kindergruppe, deren Leiterin, Fräulein v. Bodungen – eine gütige ältere Dame –, sich bemühte, uns besonders schöne Weihnachtslieder beizubringen. Sinn dieses Unternehmens war, diese Weihnachtslieder kranken und gebrechlichen Mitbürgern unseres Kirchspiels an den vier Adventssonntagen vorzusingen, um ihnen eine kleine, vorweihnachtliche Freude in ihre Wohnungen zu bringen.

Meist wurden wir freundlich aufgenommen und mit herzlichen Dankesworten für unser Singen wieder verabschiedet, denn die damalige Versorgungssituation ließ ein Anbieten von Süßigkeiten als kleine Anerkennung für uns Kinder schon nicht mehr zu. Da uns diese Tatsache hinreichend bekannt war, erwarteten wir keinerlei Zuwendungen.

Diese Situation änderte sich schlagartig, als wir am dritten Adventssonntag unsere Weihnachtslieder einer sehr kranken alten Dame vortrugen, die in einer schlößchenartigen Villa und offensichtlich auch damals noch in besonders guten Verhältnissen lebte. Ihre Freude über unseren Besuch und die gesungenen Lieder äußerte sich in besonderer Herzlichkeit, und ihre Pflegerin beeilte sich, uns mit den köstlichsten – damals unvorstellbaren – Weihnachtsleckereien zu bewirten. Blitzartig schoß mir das am Anfang meiner kleinen Geschichte geschilderte Verbot meiner Eltern durch den Kopf... du darfst nichts annehmen, die Damen waren für mich fremd. Trotz gütigen Zuredens seitens Fräulein v. Bodungens war ich nicht zu bewegen, auch nur ein Stück der angebotenen Süßigkeiten anzunehmen. In Wirklichkeit hätte ich ja nur zu gern zugelangt! Wer die damalige Zeit miterlebt hat, wird verstehen, was es für ein Kind bedeutete, diesen dargebotenen «Herrlichkeiten» zu widerstehen, jedoch da standen die Worte meiner Eltern – die natürlich eine solche Situation ausgeschlossen hätten – zu hoch im Kurs. Ich blieb (schweren Herzens) bei meiner Weigerung.

Am Abend wieder daheim erwähnte ich nichts von der Geschichte, denn ich hatte mich ja nach meiner Auffassung völlig korrekt verhalten.

Wie überrascht und glücklich war ich aber, als ich am nächsten Tage bei meiner Heimkehr aus der Schule Fräulein v. Bodungen im Gespräch mit meiner Mutter vorfand. Auf dem Tisch vor ihr lag ein süßes Päckchen, das mir die kranke alte Dame durch sie als kleines Dankeschön zuschickte. Meine Mutter erklärte mir nun, daß ich in diesem Falle selbstverständlich die Süßigkeiten hätte annehmen dürfen und entschuldigte sich für den «bedingungslosen Gehorsam» ihrer kleinen Tochter.

Ich selbst aber war selig, nun doch noch in den Besitz der eigentlich so begehrten Leckereien gekommen zu sein.

Gerda Brömel

Das schönste Geschenk

«Es war einmal vor langer Zeit...» beginnt die Großmutter.

«Ach, das ist langweilig, davon wollen wir nichts hören!» rufen Tanja und Michael.

«Nun wartet doch erst mal ab!» Großmutter lehnt sich im Sessel zurück, und als sie weitererzählt, klingt ihre Stimme warm und geheimnisvoll:

«... vor langer Zeit, da lebten Mutter und Vater mit ihren Kindern Fritz und Hanna, die waren neun und sieben Jahre alt, in einem kleinen Haus am Rande der großen Stadt. Sie waren glücklich und zufrieden, obwohl sie sich die Raten für das Häuschen mühsam vom Munde absparen mußten.

Morgens ging der Vater ganz früh fort zur Arbeit und kam erst spät abends zurück. Die Mutter saß in jeder freien Minute an der alten Nähmaschine, um für fremde Leute Kleidung auszubessern und zu ändern. Dadurch verdiente auch sie ein paar Mark.

Nun nahte das Weihnachtsfest, und die Mutter sagte zum Vater:

‹In diesem Jahr können wir den Kindern so gut wie gar nichts schenken. Alles ist teurer geworden; das Geld reicht gerade für Essen und Feuerung. Was tun wir bloß!›

Der Vater aber antwortete: ‹Sorge dich nicht, uns wird schon etwas einfallen!›

Die beiden Kinder freuten sich sehr auf Weihnachten, und oft standen sie vor dem großen Schaufenster, wo das prächtige Puppenhaus ausgestellt war und die blitzende Eisenbahn bergauf, bergab über Brücken und durch Tunnel ratterte. Nachts träumte Hanna, sie sei so klein, daß sie in dem Puppenhaus herumspazieren könne, und Fritz sah sich als Lokomotivführer, der mit seinem Zug um gefährliche Kurven sauste. Am sehnlichsten wünschte er sich allerdings ein richtiges lebendiges Kaninchen zum Spielen; davon mochte er aber niemandem etwas erzählen, denn er war doch schon ein großer Junge.

An den Adventssonntagen saßen Eltern und Kinder in ihrer warmen Küche, spielten «Mensch ärgere dich nicht», sangen die alten Weihnachtslieder oder erzählten einander selbsterfundene Geschichten. Oder sie guckten einfach ins Herdfeuer und lauschten, wie der Kessel leise summte. Wenn Schnee lag – damals schneite es immer um die Weihnachtszeit –, liefen sie hinaus und bauten einen Schneemann, steckten ihm eine Wurzel als Nase ins Gesicht, setzten Hannas umgedrehten Sandkisteneimer auf seinen Kopf und gaben ihm zwei schwarze Kohlenstücke als Augen – mit denen guckte er dann zum Küchenfenster hinein.

Wenn abends der Himmel klar war, wanderten alle vier in der Dunkelheit zur Stadt hinaus und stiegen auf den Hügel hinter dem Wald. Dort oben standen sie und konnten sich nicht sattsehen an den abertausend Sternen, die am tiefschwarzen Firmament funkelten. Mit leiser Stimme, als wolle er die Stille nicht stören, erklärte der Vater die Sternbilder: Den Orion, den Großen Wagen mit dem Reiterchen auf der Deichsel und den Kleinen Wagen, an dessen Spitze der Polarstern steht, die Kassiopeia, die aussieht wie ein W, und das Siebengestirn, das auch «die Plejaden» heißt. Manchmal fiel eine Sternschnuppe. Dann wünschte sich jeder etwas, jedoch nur in Gedanken, denn sonst würde es nicht in Erfüllung gehen.

‹Am Heiligabend werde ich euch in ein Geheimnis einweihen›, flüsterte der Vater. ‹Soviel will ich aber schon jetzt verraten: es hat etwas mit den Sternen zu tun.›

Wenn die Kinder abends in ihren Betten lagen, fiel das Mondlicht durch die Fensterscheiben und ließ die Eisblumen daran glitzern wie tausend Diamanten.

‹Wäre doch nur bald Weihnachten!› dachten Fritz und Hanna, bevor sie einschliefen.

Am dreiundzwanzigsten Dezember sang die kleine Familie: ‹Einmal werden wir noch wach, heißa, dann ist Weihnachtstag!› und endlich, endlich war es soweit.

Als sie am Heiligen Abend aus der Kirche kamen, schlugen die Eltern nicht den Nachhauseweg ein, sondern den zur Stadt hinaus. Es war bitterkalt und sternenklar, und bei jedem Schritt hörten sie den Schnee unter ihren Stiefeln knirschen. Bald erreichten sie den Hügel hinter dem Wald. Hier sprach nun der Vater zu den Kindern:

‹Ihr beide seid jetzt groß genug, um unser Geheimnis zu erfahren. Es ist etwas, das es nicht zu kaufen gibt, und hätte man noch soviel Geld. Es ist auch nichts, das man anfassen und mit nach Hause nehmen kann. Nein, es ist viel mehr. Denn es wird immer da sein und nie vergehen.›

Der Vater legte eine kleine Pause ein, und danach redete er weiter:

‹Seht ihr dort oben am Himmel das Sternbild des Orion?›

‹Ja!› sagten die beiden Kinder wie aus einem Mund.

‹Und seht ihr auch diesen besonders hellen Stern am äußeren Rand? Das ist der Rigel. Mit dem hat es eine besondere Bewandtnis.›

Wieder hielt der Vater einen Augenblick inne.

‹Wir nennen ihn unseren Familienstern. In der Adventszeit und besonders am Heiligabend sehen wir hinauf zu ihm, und dabei denken wir fest an alle, die wir liebhaben. Mutter und ich denken an euch und an unsere Eltern, die ja eure Großeltern sind, und an unsere Geschwister, eure Onkel und Tanten. Und jene, bei denen wir mit unseren Gedanken sind, sehen auch hinauf zum Abendhimmel und denken an uns. Wir tun das, wo immer wir gerade sind. Ihr sollt nun auch daran teilhaben, und euer Leben lang werdet ihr euch beim Blick zum weihnachtlichen Abendhimmel niemals ganz allein und verlassen fühlen, denn ihr wißt, daß immer jemand in liebem Gedenken mit euch verbunden ist.›

Fritz war richtig feierlich zumute geworden. Er betrachtete den Familienstern und sagte mit ernster Stimme:

‹Dies ist wirklich das schönste Weihnachtsgeschenk, das ich mir vorstellen kann!›

Hanna fügte hinzu: ‹Ja, für mich ist es das auch. Aber wollen wir nicht trotzdem jetzt gehen und nachgucken, ob der Weihnachtsmann noch was zum Anfassen gebracht hat?›

Mutter und Vater lachten; ein letztes Mal sahen alle zu dem funkelnden Stern hinauf, und dann wanderten sie nach Hause.

Tatsächlich, der Weihnachtsmann war inzwischen dort gewesen! Hanna fand in der guten Stube unter dem Tannenbaum eine allerliebste Puppenküche. Die war viel schöner als das prächtige Haus aus dem Schaufenster, denn in dieser Küche sah es genauso aus wie bei ihnen zu Hause! In der Ecke stand der Herd mit einem winzigen Wasserkessel, und über der Messingstange hingen Puppenhandtücher zum Trocknen. Ein roter Blumentopf leuchtete auf dem Fensterbrett, und die Gardinen waren aus dem gleichen Stoff wie in der großen Küche. In der Mitte saßen um den Tisch herum ein kleiner Vater und eine kleine Mutter und zwei winzige Kinder, alle aus bunten Flicken genäht. Als Hanna ganz genau hinsah, entdeckte sie auf dem Küchentisch sogar ein klitzekleines Mensch-ärgere-dich-nicht-Spiel.

Fritz aber suchte vergeblich nach der Eisenbahn. Wäre er nicht schon neun Jahre alt gewesen, hätte er vor Enttäuschung bestimmt geweint. Da nahm die Mutter ihn in den Arm und sagte:

‹Dein Geschenk ist draußen im Schuppen. Zieh deinen Mantel an und sieh doch mal nach!›

Das ließ er sich nicht zweimal sagen. Als er mit seiner Taschenlampe in den dunklen Schuppen leuchtete, sah er dort einen buntbemalten Stall, und darin hockten ein weißes und ein schwarzes Kaninchen! Neugierig hoppelten sie sofort an den Drahtzaun, und ihre drolligen Nasen schnupperten aufgeregt. Fritz öffnete die Stalltür, streichelte die Tiere und legte sein Gesicht an das weiche, warme Fell: Sein heimlicher Wunsch war tatsächlich in Erfüllung gegangen!

Als Fritz und Hanna nach diesen schönen Überraschungen schließlich im Bett lagen, sagte der Vater zur Mutter:

‹Siehst du nun, daß wir unseren Kindern auch fast ohne Geld ein unvergeßliches Weihnachten bereiten konnten?›

Die Großmutter richtet sich im Sessel auf und schaltet die Stehlampe ein, denn im Zimmer ist es inzwischen dunkel geworden. Die Kinder strecken und recken sich wie nach einem schönen Traum.

Nachdenklich fragt Michael: «Oma, heißt du nicht auch Hanna?»

«Oh!» ruft Tanja aufgeregt. «Dann warst du bestimmt das kleine Mädchen, und es ist eine wahre Geschichte!»

«Ja», antwortet die Großmutter, «und ich glaube, es ist an der Zeit, daß auch ihr unseren Familienstern kennenlernt!»

Margot Niedzwetzki

Heiligabend einmal ganz anders

Vor einigen Jahren hatte meine hochbetagte Schwiegermutter ein für sie großes Problem, und zwar handelte es sich um den bevorstehenden Heiligabend.

Da sie seit vielen Jahren mit ihrem ältesten Sohn und dessen Familie in einem Haus wohnte, verliefen Heiligabend und Weihnachten für sie immer im gleichen Rhythmus, und zwar war es üblich, daß sie nach dem Kirchgang mit der ganzen Familie zu Hause feierte und Weihnachten dann jeweils einen Tag zu ihrer Tochter bzw. ihrem jüngsten Sohn – meinem Mann – fuhr.

Inzwischen hatte ihr ältester Sohn selbst Enkelkinder, so daß man davon ausgehen konnte, daß Heiligabend in Zukunft anders gefeiert würde.

Schon lange vor Weihnachten spürte ich, daß sich meine Schwiegermutter viel Gedanken machte, und ich sprach sie bei passender Gelegenheit darauf an.

Meine Annahme bestätigte sich. Deshalb bereitete ich sie behutsam darauf vor, daß sich wohl so einiges ändern würde.

Hiermit gab sie sich aber nicht zufrieden. Sie wollte vielmehr von mir konkret wissen, wie ich mir den Ablauf vorstellte.

Ich erwiderte auf ihre Frage:

«Mutti, ich weiß es auch nicht, nehme aber an, daß die Großeltern zu ihren Enkelkindern fahren und nicht umgekehrt.»

Hieran hatte sie auch schon gedacht, konnte sich aber mit der wahrscheinlich neuen Situation noch nicht so recht vertraut machen.

Immerhin waren es noch einige Wochen bis Weihnachten, so daß ich ihr riet, in Ruhe abzuwarten.

An ihrer Reaktion merkte ich sogleich, daß ihr das überhaupt nicht gefiel, so daß ich den Faden noch mal aufnahm und ihr unter anderem vorschlug, Heiligabend mal zu uns zu kommen. Jetzt hatte ich sie total aus der Fassung gebracht, bat sie aber, hierüber in Ruhe nachzudenken.

Als einige Zeit verstrichen war, rief mich meine Schwiegermutter eines Morgens völlig aufgelöst an und erzählte mir, daß die Großeltern tatsächlich zu den Enkelkindern – also ihren Urenkeln – fahren würden und sie gebeten hätten, mitzukommen.

Im Laufe des Gesprächs erwähnte sie immer wieder, wie froh sie sei, daß wir hierüber schon gesprochen hatten und sie darauf vorbereitet war.

Nach langem Überlegen hat sich meine Schwiegermutter dann entschlossen, Heiligabend zu uns zu kommen.

Zwischenzeitlich hatten wir, d. h. mein Mann, unsere Tochter und ich, uns auch schon Gedanken gemacht, wie wir den Heiligabend gestalten würden, wenn meine Schwiegermutter zu uns käme. Nach reiflicher Überlegung sind wir übereingekommen, alles genauso zu machen wie in den Jahren zuvor.

Die Zeit bis Weihnachten verging dann wie im Fluge und bevor man sich versah, war es soweit.

Wie verabredet, holte mein Mann meine Schwiegermutter am 24. Dezember nachmittags zu uns.

Als wir Kaffee tranken, spürte man förmlich, wie es knisterte. Unbewußt waren wir wohl alle auf den Ausgang des heutigen Tages gespannt.

Mit Einbruch der Dunkelheit lösten wir die Kaffeetafel auf, weil es an der Zeit war, sich für den Kirchgang fertig zu machen. Wegen einer starken Erkältung mußte meine

Schwiegermutter hierauf leider in diesem Jahr verzichten, so daß ich mit ihr zu Hause blieb und mein Mann und unsere Tochter allein hingingen.

Zufällig wurde aber zur gleichen Zeit ein Gottesdienst im Fernsehen übertragen. Den haben wir uns dann angesehen. Meine Schwiegermutter war sehr religiös und seit frühester Kindheit eine eifrige Kirchgängerin und konnte somit auch viele Lieder auswendig.

Während der Gottesdienstübertragung sang sie anfangs die Weihnachtslieder leise mit. (Wahrscheinlich wollte sie sehen, wie ich reagiere).

Ich sagte nur:

«Mutti, sing ruhig in normaler Lautstärke» und habe dann ebenfalls mitgesungen.

Diesen Moment kann ich nicht beschreiben. Es war, als ob ein großer Knoten geplatzt sei. Wir haben später noch oft über diese Stunde gesprochen.

Die Fernsehübertragung war gerade zu Ende, da kamen auch mein Mann und unsere Tochter nach Haus, so daß wir jetzt mit der Bescherung beginnen konnten.

Als alle Geschenke ausgepackt und eingehend betrachtet waren, hatten wir Appetit auf Abendbrot. Gemeinsam deckten wir den Tisch und ließen es uns gut schmecken.

Nach dem Essen setzten wir uns bei leiser Weihnachtsmusik gemütlich zusammen und sprachen unter anderem auch über den heutigen Heiligabend, der einmal «ganz anders war» und uns allen so gut gefallen hat, daß wir spontan beschlossen, auch im nächsten Jahr wieder gemeinsam zu feiern.

Dabei ist es dann auch geblieben.

Bis zu ihrem Tode im Januar 1992 ist meine Schwiegermutter dann noch zweimal zu uns gekommen.

Speziell in der Weihnachtszeit muß ich oft an diese Begebenheit denken und bin nach wie vor der Ansicht, daß es für einen älteren Menschen nicht einfach ist, sich vom Althergebrachten auf völlig Neues umzustellen. Entscheidend ist hierbei wohl nur, früh genug darüber zu sprechen.

Renate Obermeyer

Weihnachten in Zehlendorf

Die ersten Weihnachtsgedanken tauchten im Oktober auf. Nicht etwa, solange noch die Herbstsonne schien, sondern dann, wenn die ersten Herbststürme das Laub von den Bäumen rissen und den Garten damit übersäten, und wenn die Walnüsse hart auf die Kieswege oder ins nasse Gras fielen. Ein herber Geruch, der von den beim Aufprall zerplatzten grünen Nußschalen herrührte, lag in der Luft.

Nach den letzten warmen Altweibersommertagen empfand ich die kriechende Kälte, begleitet von Windböen und peitschendem Regen, besonders unangenehm.

Trotzdem hielt es mich nicht im Haus, ich mußte hinaus in den Garten, um die Nüsse aufzusammeln. Sie waren feucht und dunkelbraun, von schwarzen, haarigen Fäden umsponnen. Schnell war der erste Korb gefüllt und stolz hineingetragen. Die mollige Wärme des Hauses umfing mich angenehm, und wenn die Nüsse zum Trocknen ausgebreitet in der Nähe des Herdes in der Küche lagen, war Weihnachten nicht mehr fern. Wurden doch diese Walnüsse in erster Linie für die Weihnachtsbäckerei gebraucht: Makronen, Kleiebrötchen, Zimtsterne entstanden daraus und nicht zuletzt die große Nußtorte, mit weißem Zuckerguß überglänzt, mit Walnußhälften verziert.

Am ersten Advent war es endlich soweit. Das Mittagessen war eingenommen, die Küche aufgeräumt. Mama band eine frische weiße Kittelschürze um. Darunter trug sie wie immer – egal ob Sommer oder Winter – ein dünnes, kurzärmeliges Kleid. Das große Nudelbrett wurde auf den Küchentisch gelegt, Rührschüssel, Kochlöffel und das Nudelholz samt der Küchenwaage mit den blankpolierten Messingschalen und -gewichten herbeigetragen, die Zutaten wie Mehl, Zucker, Eier, Butter, Vanille- und Puderzucker, Rum und Arrak bereitgestellt. Mamas schwarzes, handgeschriebenes Kochbuch wurde aufgeschlagen, und ein fröhliches Schaffen begann. Da wurde gewogen, gerührt, geknetet, ausgerollt und ausgestochen, Backbleche eingepinselt, Plätzchen daraufgelegt, mit Ei bestrichen und die ganze Herrlichkeit in den Ofen geschoben. Es dauerte nicht mehr lange, bis ein wundersamer Duft durchs ganze Haus zog und über kurz oder lang alle nicht am Backen beteiligten Familienmitglieder magisch in die Küche lockte. Wenn die Bleche aus dem Herd gezogen und die Plätzchen mit der Palette heruntergehoben und auf Gitter zum Auskühlen gelegt wurden, sandte ich ein Stoßgebet zum Himmel, daß doch möglichst viele Stücke entzweibrechen sollten, denn diese durften sofort verzehrt werden. Alle anderen Brezeln, Sterne, Monde, Herzen, Kringel und Tierfigürchen wurden wohlverwahrt in riesengroßen Blechdosen und vor Heiligabend nicht angerührt. Dann aber füllten sie die bunten Teller und sorgten dafür, daß in meinem Magen nicht mehr viel Platz für die anderen Festtagsgenüsse blieb.

Die Walnußernte lenkte die Gedanken auch hin zu den Weihnachtsgeschenken, die man am Heiligen Abend Eltern und Geschwistern überreichen wollte. Es versteht sich von selbst, daß diese von Hand gefertigt sein mußten. Da wurde nun Tag für Tag gestrickt, gestickt, gemalt, geklebt und laubgesägt. Niemand durfte natürlich etwas davon sehen. Ich machte einen Plan, nach dem ich werkelte. Täglich wurde eine bestimmte Anzahl von Runden an Papas Ringelsocken gestrickt und ein bestimmter Streifen an Mamas Deckchen mit Hohlsaum ausgefüllt. Selbst der Vormittag des Heiligen Abend war verplant: es mußten Fäden vernäht und Geschenke verpackt werden. Die Familie zweifelte Jahr für Jahr, daß meine Gaben zur rechten Zeit fertiggestellt sein würden, aber mein Plan hat immer funktioniert.

Natürlich wurde am ersten Advent nicht nur gebacken. Schon am Vorabend mußte der Adventskranz gebunden werden. Dazu wurden Zweige von unserer großen Tanne geschnitten, die ich dann zum Binden, das meist von unserer Gretel besorgt wurde, anreichen durfte. Erst wenn der Kranz auf dem roten Ständer mit dem goldenen Stern in der Mitte lag, die Kerzen in den Halterungen steckten, konnte ich beruhigt schlafen gehen.

Am nächsten Morgen, noch in der Dunkelheit, traten wir den weiten Weg zur Kirche an. Ach, wie war es doch schön, wenn dann manchmal die ersten Schneeflocken sacht vom Himmel fielen. In der Kirche sangen wir das Lied «Tauet, Himmel, den Gerechten», dessen Textworte ich nie so recht verstand, und noch viele andere alte Adventslieder. Das Evangelium erzählte vom Jüngsten Gericht – Weltuntergangsstimmung. So gar nicht wollte das in meine vorweihnachtlichen Gedanken passen. Nach der Messe ging es wieder hinaus in die Kälte. Es war inzwischen hell geworden, und nach einem tüchtigen Fußmarsch langten wir wieder zu Hause an. Der Frühstückstisch war gedeckt, die erste Kerze am Adventskranz wurde entzündet – es war schon beinahe Weihnachten.

Meine Schwester Christel und ich nutzten jede freie Minute, um Weihnachtslieder zu üben, selbst beim ungeliebten

Abtrocknen des Geschirrs ertönte aus der Küche unser Gesang, an dem sich auch die Gretel beteiligte.

So vergingen die Wochen bis zum Fest in Windeseile. Was würden wir wohl für Geschenke unter dem Weihnachtsbaum finden? Wünsche gab es ja genug, aber so genau wußte man gar nicht mehr, ob man sich auch deutlich genug geäußert hatte. Natürlich konnte auch nicht jeder Wunsch erfüllt werden. Wie oft stand ich vor dem großen Wäscheschrank im Elternschlafzimmer, der alle die Herrlichkeiten barg.

Ein einziges Mal hatte ich meine Neugier nicht bezwingen können. Ich fand einen zum Schrank passenden Schlüssel und öffnete die Tür. Es war im Jahr 1945, ich war elf Jahre alt. Ich fand neue Möbel für mein Puppenhaus, das Schlafzimmer knallrosa angestrichen. Die alten Möbel waren wie fast alle Spielsachen bei Kriegsende gestohlen worden. Beim Anblick der kleinen Bettchen und des Kleiderschrankes überkam mich ob meiner Ungeduld eine große Trauer. Die Vorfreude war wie weggeblasen. Und das Schlimmste war die am Weihnachtsabend geheuchelte Überraschung und Freude. Denn die hatte ich mir gründlich verdorben. Nie mehr im Leben habe ich vorzeitig nach Geschenken gesucht, und Mamas Wäscheschrank war von da an tabu. Am Mittag des Heiligen Abend schloß sich für uns Kinder die Tür zum Eßzimmer, das nun das Weihnachtszimmer war. Selbstverständlich inspizierte ich gründlich das Schlüsselloch, und ebenso gewiß war es von innen zugehängt, so daß ich nicht das geringste bißchen sehen konnte. Mit dem Zwiespalt im Herzen, ob das nun für mich ein Glück oder Unglück sei, hüpfte ich die Treppe hinauf in mein Kinderzimmer, legte letzte Hand an meine Gaben für die Familie und tat mich dann mit Christel zusammen, um schnell noch einmal alle Weihnachtslieder durchzusingen und das Weihnachtsgedicht probeweise aufzusagen.

Endlich, endlich begann es draußen dunkel zu werden. Mama erschien und ordnete eine letzte Generalreinigung an. Die Festtagskleider lagen bereit, man mußte nur noch hineinschlüpfen, die Lackschuhe zuhaken und eine neue weiße Haarschleife eingebunden bekommen. Dann stürmten wir die Treppe hinunter und versammelten uns im Wohnzimmer. Papa stand lächelnd bereit, die Uhrkette glänzte auf der dunklen Weste, ich faßte nach seiner beruhigend großen Hand und erwartete selig das Läuten des Weihnachtsglöckchens.

Die Tür zum Eßzimmer flog auf, wir traten ein und blieben gebannt vor dem immer wieder neuen Wunder des geschmückten Tannenbaumes stehen. Seine Lichter strahlten und spiegelten sich in den bunten Kugeln. Zarte Wachsengel schwebten an den Ästen. Aber fast noch schöner waren die bunten Figürchen aus dem Erzgebirge, die zwischen den silbrigen Lamettafäden hingen. Dann senkte sich der Blick auf die unter dem Baum aufgebaute Krippe. Der dunkelbraune Holzstall barg das Geschehen der heiligen Nacht, die schlichten Holzfiguren sprachen eine eigene Sprache. «Stille Nacht, heilige Nacht» und «O du fröhliche» erklangen, und wie in jedem Jahr zerdrückte Mama ein paar Tränen, die ich gar nicht sehen wollte. Dann hieß es, das Weihnachtsgedicht vorzutragen: Und endlich wurde jeder an «seinen» Platz geführt, um die liebevoll aufgebauten Geschenke anzusehen und in Besitz zu nehmen.

Da stand wie in jedem Jahr das Puppenhaus. Nie war etwas daran verändert. Es war so vollkommen eingerichtet, daß es nichts zu verbessern gab. Kleine Biegepüppchen bewohnten das Haus. Der Vater im braungesprenkelten Anzug und leuchtendroter Krawatte saß mit übergeschlagenen Beinen zeitunglesend im dunkelgrünen, mit Seidenfransen garnierten Plüschsessel. Die Mutter, im kleingemusterten, fraulichen Kleid, passend zum Dutt am Hinterkopf, hatte ihren Platz auf dem Sofa. Wohlgefällig ließ sie ihren Blick über das braune Bufett, durch dessen Glasscheiben man das winzige Eßservice sehen konnte, zum weinroten Teppich schweifen. Die Kinder, ein Junge und ein Mädchen, befanden sich im Obergeschoß, in dem es ein Kinderzimmer und ein Elternschlafzimmer gab. Auf dessen Betten lagen die feinsten, dunkelrotseidenen Steppdecken mit spitzenbesetzten Überschlaglaken. Das Haus hatte auch ein Badezimmer, in dem es eine emaillierte Wanne und ein Porzellanklo gab. Das Treppenhaus war eigentlich überflüssig, da man die Puppen viel schneller von Etage zu Etage springen lassen konnte. Die Puppenküche befand sich in einem separaten Raum. Sie war, ihrer Bedeutung im Spiel gemäß, fast so groß wie das gesamte übrige Haus. In dieser Küche gab es natürlich einen Herd mit Töpfen darauf, Borde und Schränke mit Geschirr, einen Besteckkorb, Eimer und Schrubber, Besen, Handfeger und Schippe. Die Krönung aber war eine Brotschneidemaschine mit einem gebogenen Messer, und darin lag ein Marzipanbrot.

Erst nachdem diese Welt im Kleinen begutachtet war, wandte man sich den anderen Geschenken zu. Da waren in erster Linie Bücher – das wichtigste überhaupt. In der Nachkriegszeit waren diese plötzlich gar nicht mehr neu, sondern irgendwo gebraucht erstanden, aber das tat der Leselust und Lesewut keinen Abbruch. Immer war auch etwas zum Basteln dabei, ein neues Gesellschaftsspiel oder Briefpapier und meistens auch etwas zum Anziehen, oft von Tante Liesel oder Frau Lehmann, der Hausschneiderin, angefertigt. Zu Weihnachten gehörte auch, daß man lange aufbleiben durfte. Spätabends ging es ja zur Kirche! Das Geläut der Glocken begleitete uns fast auf dem ganzen Weg. Man fröstelte wohlig vor Müdigkeit und wollte doch unbedingt zur Mitternachtsmesse mitgenommen werden.

Die Kirche war wunderbar geschmückt, die wohlbekannte Krippe aufgebaut, der Chor sang, die vertrauten Texte erklangen. Nie zuvor glaubte man ein so feierliches Amt erlebt zu haben.

Gegen zwei Uhr in der Frühe war man endlich wieder zu Hause im warmen Bett, ein Lieblingsspielzeug im Arm und rundum glückselig.

Am anderen Morgen war ich trotz der langen Nacht als erste wach. Im Nachthemd und barfuß schlich ich hinunter ins Weihnachtszimmer, das nun ohne den Kerzenglanz recht grau und nüchtern erschien, und spielte mit dem Puppenhaus. Im ganzen Haus war es noch kalt und dunkel, und wenn ich entdeckt wurde, brach unweigerlich ein Gewitter über mich herein. Da hieß es dann: waschen, Zähne putzen, anziehen.

Nur zu gerne wäre ich nach dem Frühstück zu meinen Freundinnen gelaufen, um Geschenke vorzuzeigen und anzusehen, aber das war streng verboten. Die anderen Familien mußten doch «ihre Ruhe haben». So spielte man denn allein und wurde erst zum Mittagessen wieder in seinem Glück gestört. Und mit dem Duft des Gänsebratens, der jetzt durchs Haus zog, endete die Skala der weihnachtlichen Wohlgerüche, die im Herbst so vielversprechend bei der Nußernte begonnen hatte.

Karin Piske

Freud und Leid

Es war noch dunkel, als ich erwachte, und sofort erfüllte mich eine wundervolle Gewißheit: Heute war Heiligabend! Trotz der Kälte des heraufziehenden Wintertages, sprang ich ohne zu zögern aus dem Bett. Zunächst galt meine Aufmerksamkeit dem letzten Türchen des Adventkalenders, den ich noch immer liebevoll betrachtete. Wie hatte ich mir die Nase plattgedrückt am Schaufenster des Schreibwarenladens. Dann, am ersten Advent, sollte diese Kostbarkeit mit seinem «Glimmer», der die Schneelandschaft glitzern ließ – wie auch die Flügelspitzen der Weihnachtsengel und die schneebedeckte Nikolausmütze – mir gehören. 24 Türchen, 24 Tage, eine lange Zeit, so schien es mir. Sie war angefüllt mit aufregenden Heimlichkeiten, mit Plätzchenbacken, mit dem Singen vertrauter weihnachtlicher Lieder, die ich inzwischen mit der Laute begleiten konnte. Meine Mutter hatte sie auf irgendwelchen Schleich- und Tauschwegen erstanden und mich damit an meinem elften Geburtstag überrascht. Nun nahm ich Unterricht, und das Üben gehörte zu meinen täglichen Pflichten. Fasziniert von dem klangschönen Instrument mit seinen lustigen bunten Bändern, verfolgte meine Freundin Bärbel alle meine Bemühungen, woran sie zu ihrem Leidwesen keinen Anteil hatte. Unternahmen wir doch sonst alles gemeinsam! Aber auch für die Mitschüler – von nun an rückte ich mit Laute in den Musikunterricht ein – war ich an Wert gestiegen. Auf der Schulweihnachtsfeier, die ich mitgestalten durfte, erntete ich viel Beifall.

Aber nun war der große Tag gekommen! Wie wohl in den meisten Familien, so nahm er auch bei uns einen traditionellen Verlauf. Der Schnee hatte sich weiß und glitzernd auf unsere vom Krieg schwer geschundene Stadt gelegt. Mit seiner weichen Decke verhüllte er sanft die Härten der vielen Ruinen. An der Hand meiner Mutter stapfte ich – inzwischen in meine wärmsten Winterkleider verpackt – zu unserem weit entlegenen Friedhof. Wir besuchten das Grab meines Bruders und schmückten es mit Tannengrün. Die Stille dieses Ortes, eingetaucht in Kälte und Schnee, der ernste und schmerzliche Gesichtsausdruck meiner Mutter lasteten für einige Zeit auf mir. Doch die ungeheure Spannung, die über diesem Tag lag, duldete kein längeres Verweilen trüber Gedanken. Zu viele frohe Ereignisse warteten auf mich! Mit meinen Freundinnen hatte ich schon wilde Spekulationen angestellt: Welche Weihnachtswünsche würden sich wohl erfüllen? Hatten meine Großeltern rechtzeitig an ein Weihnachtspaket gedacht? Schließlich brauchte es einige Zeit, bis Post aus dem «Westen» eintraf. Der Tag verlief weiterhin programmgemäß mit letzten Vorbereitungen, Vorlesen aus dem alten Weihnachtsbuch und dem Besuch der Christvesper in der «dicken Marien». So wurde sie von uns liebevoll genannt, Rostocks schönste gotische Kirche, die der Krieg verschont hatte. Unser Heimweg war dann sehr ausgedehnt. Wir liebten es, langsam durch die Straßen zu gehen und mehr und mehr Christbäume durch die Fenster erstrahlen zu sehen.

Bevor wir in die eigene Wohnung in den dritten Stock heraufstiegen, machten wir – wie in jedem Jahr – einen Abstecher zu meiner Freundin, die zwei Häuser entfernt wohnte. Ich war sehr gespannt auf ihren Gabentisch! – Aus meiner erhabenen Weihnachtsstimmung wurde ich je herausgerissen, als Bärbel auf unser Klingeln hin die Tür aufriß. Sie hatte uns bereits erwartet und ihr Geschenk schon mit an die Tür gebracht. Wie eine Siegestrophäe schwenkte sie – eine Laute, ganz ähnlich wie die meine! Ihre Mutter hatte in zähen Bemühungen dieses Wunder bewirkt. Neben diesem, vor Aufregung blassen, doch überglücklichen Mädchen bot sich uns ein bejammernswerter Anblick: Dieter, der Bruder, stand laut heulend neben dem Lichterbaum, zu seinen Füßen ein nagelneuer Schlitten. Nur mühsam konnten wir die Zusammenhänge verstehen, die von allen drei Beteiligten in wildem Durcheinander geschildert wurden. Vor Wochen hatte Dieter eben diesen Schlitten, unter einem der Betten versteckt, gesehen und ihn ohne zu zögern und verschwiegen als Bärbels Weihnachtsgeschenk eingeordnet. Als nun der Zeitpunkt der Bescherung gekommen war, bedeutete die Mutter den beiden gespannten Kindern unter ihren Betten nachzuschauen. Dort hatte sie die etwas groß geratenen Geschenke versteckt. Die Enttäuschung des Jungen war grenzenlos, als er nun den längst entdeckten Schlitten als sein Geschenk erkannte. Für ihn gab es nun also keine Überraschung! Es verging noch eine ganze Weile, bis die Tränen versiegten und er sich mit dem bunten Teller tröstete.

Am nächsten Morgen war ich recht früh unterwegs, um meine neuen Schlittschuhe einzuweihen – froh über dieses herrliche Weihnachtsgeschenk! Auch Dieter war schon auf den Beinen. Gefolgt von den bewundernden Blicken seiner Freunde, zog er stolz seinen Schlitten.

Heinz Mönkemeyer

Die goldenen Augen

Heiligabend! Es dämmerte. Ein gutes Grau lag über dem stillen Land. Die Weite verlor sich, wirkte wie ausgestorben. Der breitbucklige Solling jenseits des Stromes war kaum noch zu erkennen. Jäh schnaubte ein scharfer Ostwind heran, trieb erste Schneeflocken vor sich her, wirbelte sie auf, ließ sie tanzen...

Franz, ein schmächtiger Junge, glaubte an das Christkind. Er schritt mit seinen benagelten hohen Schnürschuhen allein durch die kahlen Felder. Jetzt bog er zum Dorf in der Ebene ab. Der Junge hing seinen Gedanken und Wünschen nach. Manchmal vernahm er auf der hartgefrorenen Erde den Widerhall der eigenen Schritte. Kurzes, zerfahrenes Gras bedeckte nur lückenhaft den Weg am Hang. Tiefe Fahrspuren waren eingekerbt. Noch eine Wegbiegung, dann war hinter zerzaustem, schütterem Strauchwerk das Dorf zu sehen. Franz würde wieder rechtzeitig zurückkommen. Noch läuteten die Abendglocken Weihnachten nicht ein.

Mittlerweile hatte die Dämmerung ihr graues Laken dichter gewoben. Vor dem vom Dunkel nun ganz verschluckten Strom breiteten sich die Häuser aus, hineingeduckt in dieses Dunkel. Nur alte Straßenlaternen leuchteten matt, und durch Fensterscheiben fiel Licht. Franz blieb unwillkürlich stehen, atmete tiefer. Immer mehr Fenster leuchteten auf – wie goldene Augen. Es war zauberhaft schön: gute goldene Augen, wohin er auch sah. Der einsame Junge aber wußte nicht, wie es kam: Er schlug seine Arme unter, schloß die Augenlider und neigte ein wenig den Kopf. Der Wind hatte sich inzwischen gelegt. Eine eigenartige Stille war um ihn, weihevoll, eine Stille, wie sie nur an einem einzigen Tag im Jahr möglich ist: am Heiligen Abend!

Immer mehr Schneeflocken fielen, lautlos. Und in diesem lautlosen Fallen – die über beide Ohren gezogene bunte Zipfelmütze war schon gänzlich weiß – sah Franz nach innen. Und abermals leuchteten die goldenen Augen des Dorfes auf. Es war seltsam: Er blickte hindurch, und hinter den schier verwunschenen Fensterscheiben öffneten sich wohlig warme Stuben. Bei ihm zu Hause – und anderswo an der Weser –

kam das seit langem sehnlichst erwartete Christkind immer erst in der Heiligen Nacht, wenn manche Jungen und Mädchen vor lauter Erwartung und Aufregung kaum einschlafen konnten und lange wach lagen – oder sich schon bald im Schlafe in wundersamen Träumen wiegten...

Auch Franz träumte, mitten im Feld. Ihm wurde warm ums Herz. In einer Ecke der Stube daheim sah er den festlich geschmückten Christbaum. Da war, sie stieß fast an die Decke, die glitzernde Spitze; da war, in den grünen Zweigen, das wallende silberne Engelshaar. Walnüsse baumelten, braun und rissig. Hier und dort hingen, verlockend, rotbakkige Äpfel. Rundum glänzten die vielfarbigen Kugeln... Welche Pracht! Und unter dem Baum, der aus einem Ständer mit niedlichem romantischen Holzzaun aufwuchs, lagen die Gaben ausgebreitet: für alle im Haus. Der Junge entdeckte auch sofort das Pferdefuhrwerk, einen Leiterwagen mit zwei angespannten Gäulen. Der Bauer saß vorn auf dem Wagen, in einer Hand die Leine haltend. Neben ihm lag die Peitsche. Etwas seitab vom Leiterwagen stapelten sich Bauklötze. Auch diese hatte sich der Junge sehnlichst gewünscht. Der Gabenzettel war also nicht vergeblich auf die Fensterbank gelegt worden. Daß es vom Christkind außerdem noch lekkeren Lebkuchen, knuspriges Gebäck, Äpfel und Nüsse gab, war selbstverständlich. Das war schon immer so gewesen. – Doch, o je! Franz hatte beim ersten schnellen Schauen den uralten Stall aus Holz und Rinde und mit viel Moos in den Ritzen übersehen. Und das Wichtigste: den Jesusknaben in der Krippe!

Man konnte es verstehen. Zu groß war seine Freude. Da hatte zunächst, so richtig geheimnisvoll, wie es nur in der Heiligen Nacht möglich ist, mit zarter Stimme silberhell ein Glöcklein gebimmelt. «Das war das Christkind, das Christkind!» entfuhr es ihm und den anderen Kindern. O dieses

Bimmeln! Es hatte alle geweckt. Nun konnten Träume wahr werden. Unangezogen, außer Atem, war die ganze Kinderschar die Bühnentreppe hinabgeeilt, fast hinabgesprungen und in die Stube, die Weihnachtsstube hineingestolpert. Der Schein brennender, mitunter nur unmerklich flackernder Christbaumkerzen durchflutete anheimelnd den ganzen Raum. Maria und Josef, die anbetenden Hirten, Ochs und Esel – sie alle weilten in dem armseligen Stall. Und über diesem – den hatte einmal, lange ist es her, der Ururgroßvater gebastelt –, über diesem schwebte ein strahlender Engel, der Gott lobte und den Frieden verkündete, den die Welt nicht zu geben vermag: «Ehre sei Gott in der Höhe und Friede den Menschen auf Erden, die eines guten Willens sind!»

Jahre sind vergangen, viele Jahre. Das Paradies der Kindheit hat seine Pforten nur noch in der Erinnerung geöffnet. Am Heiligen Abend – es dämmert schon – schreitet ein Mann rüstig dem Dorfe zu. Hinter der letzten Wegebiegung bleibt er stehen. Hier am Hang ist ihm alles noch vertraut – trotz der verflossenen langen Zeit. Nur das Neonlicht, das im Tal zu sehen ist, ist heller als das der alten Straßenfunseln in der Heimat seiner Jugend. Es wirkt irgendwie ein wenig fremd. Auch sind es viel mehr Leuchten als früher. Die Gemeinde ist größer geworden, praktisch wie ein Pfannkuchen auseinandergegangen. Der einsame Wanderer blickt, in Gedanken versunken, hinab. Vergeblich hält er Ausschau nach anderen Lichtern: nach goldenen Augen. Nirgendswo sind sie zu sehen! Der «Fortschritt» – unser Mann versieht das Wörtchen mitunter mit Gänsefüßchen –, der «Fortschritt» ist in das Dorf eingezogen, hat viel Lautes und Grelles und Fremdes gebracht. So haben auch Rolläden Einzug gehalten und immer wieder verschließen sie rasselnd – wie herzlose kalte Lider – die guten alten Augen, die so golden leuchteten...

Mitten in seinem tiefen Sinnen schließt unser Mann plötzlich die Augen und schaut wieder – wie er's als Junge getan hatte – nach innen. Ja, und da leuchten sie wieder auf, die goldenen Augen. Ach, er hatte sie doch ganz vergessen! Und es ist ihm jetzt, als wird über Nacht erneut das Christkind kommen, während manche Kinder vor Erwartung und Aufregung zunächst nicht einschlafen können und dann doch, wie die anderen, selig schlafen und träumen. Und er sieht, wie in aller Frühe, noch ehe die altvertrauten Weihnachtsglocken erklingen und jubelnd die Geburt des Herrn verkünden, ungezählte Kerzen aufflammen... Von allen Plätzen und Straßen und Gassen aus sind hinter Fensterscheiben mit zur Seite gezogenen Gardinen die wundersam geschmückten Christbäume im stillen, milden Licht der Kerzen zu erblicken. O wie sie leuchten, wie sie leuchten!

Annette Schlüter

Das ist Weihnachten

«Das soll Weihnachtsstimmung sein?» – Mit diesen Gedanken ging ich durch die vollgestopften Straßen um ein letztes Weihnachtsgeschenk zu besorgen. Selbst die festliche Beleuchtung und die vielen Buden rund um den Lambertibrunnen konnten mir diese Stimmung nicht vermitteln.

Plötzlich entdeckte ich mitten auf der Straße ein Mädchen, in Begleitung einer Frau und zwei gleichaltriger Mädchen, das weinte. Die Frau hatte das Mädchen im Arm und tröstete es.

Ich ging zunächst an der kleinen Gruppe vorbei. Aber dann drehte ich mich doch um und fragte, ob ich helfen kann.

Die Frau fragte mich daraufhin, ob ich ein Fahrrad dabei habe, denn das Mädchen könne nicht laufen, es habe heute morgen einen Fuß eingegipst bekommen.

Als ich verneinte, war die Frau offensichtlich enttäuscht. Sie erklärte mir, sie müsse zu einem Parkplatz irgendwo in Theaternähe, wo ein Bus auf sie wartete. Die Frau meinte das Parkhaus Theatergaragen.

«Na, aber das schaffen wir beide doch auch so!»

«Wirklich, das ist aber nett. Sie kennen sich sicherlich auch noch hier aus?» Wir beide packten das etwa zehn- bis zwölfjährige Mädchen rechts und links und schon ging's los durch die Menschenmenge mit «Bitte machen Sie Platz, Mädchen mit Gips». Selten kam mir der Weg durch die Innenstadt bis zum Parkhaus so lang vor. Wir waren froh über jede rote Ampel, um eine Pause einlegen zu können, damit das Mädchen und wir beiden Frauen uns erst einmal erholen konnten, um neue Kraft zu schöpfen. Die beiden anderen Mädchen, bepackt mit unseren Taschen, gingen schweigend nebenher.

Unterwegs stellte sich heraus, daß sich das Mädchen beim Schlittschuhlaufen im münsterschen Eisstadion verletzt hatte und in einem Krankenhaus behandelt wurde. Es handelte sich wohl um einen Ausflug von Cloppenburg ins vorweihnachtliche Münster. Nach Tröstungen wie «Deine Weihnachtsferien beginnen sicherlich schon morgen» und «eine Pizza, die sitzt heute abend zu Hause aber drin», konnte das Mädchen trotz Schmerzen schon wieder etwas lächeln.

Am Parkhaus angekommen, freuten wir uns, daß der Bus noch da war und der Busfahrer das Mädchen in den Bus hob, wo es sich erst einmal ausruhen konnte.

Die Frau (Mutter oder Lehrerin?) bat mich noch um meine Anschrift: «Eine Weihnachtskarte muß ja drinsitzen.»

Als wir uns dann verabschiedeten sagte die Frau zu mir: «Das ist Weihnachten!»

Gerda Himstedt

Das Weihnachtsmärchen mit Hindernissen

Kurz vor Weihnachten gingen meine Eltern mit meinem achtjährigen Bruder und mir, die ich damals vier Jahre zählte, ins Theater zu einer Märchenvorstellung.

Leider weiß ich bis heute nicht, wie das Märchen ausging, weil die Eltern mit uns schon vor der großen Pause den Saal fluchtartig verließen. Die Schuld hierfür lag allein bei mir. Und ich hatte es doch nur gut gemeint. Ich erinnere mich deshalb so genau an die Vorkommnisse, weil ich sie jahrelang auf das bekannte Butterbrot geschmiert bekam.

Es war mein erster Theaterbesuch. Ich war von den dicken roten Plüschsesseln, den goldenen Ornamenten an der Decke und von den glitzernden Lüstern sehr beeindruckt. Alle Plätze waren von Eltern und ihren kleinen und größeren Kindern besetzt. Eine erwartungsvolle Stimmung umfing mich, und das leise dahinplätschernde Geraune der vielen Menschen machte mich ganz zappelig. Auch ich plapperte lebhaft mit den Kindern, die vor und hinter mir saßen, wobei ich nicht vergaß, meinen Klappsitz unermüdlich auf und nieder zu bewegen. Mein Vater machte beidem ein Ende, indem er mich auf seine Knie zog.

Plötzlich verlöschten die Lampen, es wurde stockdunkel, mein Herz klopfte heftig, und ich war froh, so nahe bei meinem Vater zu sein.

Der Vorhang öffnete sich langsam. Ich sah eine riesige, hellerleuchtete himmlische Weihnachtsbackstube vor mir. In einer Ecke stand ein geschmückter Tannenbaum mit brennenden Kerzen, und an den Seitenwänden standen zwei Ungetüme von Backöfen. In der Mitte der Bühne war ein mächtiger Tisch aufgebaut, der an drei Seiten mit weißen Tüchern bis zum Boden verhängt war, die vierte Seite, die zum Publikum hin, war offen einzusehen. Um den Tisch herum standen süße kleine Engelchen in langen weißen Kleidern. Sie hatten goldene Krönchen auf dem Kopf und kleine goldene Flügel auf dem Rücken. Über allem schwebten weiße Wolken vor einem dunkelblauen Sternenhimmel.

Ich staunte und war sprachlos.

Die Engel sollten, wie ich hörte, für die artigen Kinder auf der Erde zum Weihnachtsfest Pfefferkuchen und bunte Plätzchen backen, die ihnen der Weihnachtsmann bringen wollte.

Die Oberaufsicht über die Bäckerei hatte der Nikolaus. Er sah nach dem rechten, und seine Engel arbeiteten fleißig. Ich konnte das gut beobachten. Einige kneteten große Teigballen, andere schmolzen Schokolade in einem großen Topf, und wieder andere stachen Herze und Sterne aus, die sie uns zeigten und fragten, ob sie gut gelungen wären. Wir schrien begeistert: «Ja!» Dann wurden sie auf die Kuchenbleche gelegt und in die Öfen geschoben.

Diese Szene hatte meine vollste Billigung.

Just an dieser Stelle kam ein Himmelsbote auf die Bühne und holte den Nikolaus zu einer dringenden Konferenz zum Christkind, und beide gingen durch die Kulissen nach hinten ab.

Aber was geschah nun? Ich sah, wie die lieben Engelein zu naschen begannen! Sie steckten große Teigklumpen in den Mund! Sie gingen mit den Fingern in den Schokoladentopf und leckten sie ab, daß wir das genüßliche Schmatzen bis in die letzte Reihe hören konnten. Einige aßen sogar die schon gebackenen Plätzchen auf! Dürfen Engel das? Ich verstand die Welt nicht mehr.

Ich schluchzte. Was für süßes Gebäck sollte nach dieser Katastrophe am Heiligen Abend auf *meinem* Teller liegen?

Da hörten wir, wie mit schweren Schritten der Nikolaus zurückkam. Wir hörten ihn murmeln: «Jetzt will ich doch nachsehen, wie meine brave Engelschar mit der Bäckerei vorangekommen ist.» War das ein Schreck für die Engel! Und für mich! Zitternd mußte ich mit ansehen, wie die Ärmsten fast übereinanderfielen, um sich hastig ein Versteck zu suchen. Schließlich krochen sie alle unter den Tisch, denn ein anderes Versteck gab es nicht. Die Engel zitterten genauso ängstlich wie ich, und das blanke Entsetzen stand in ihren Augen, wie in meinen.

Der Nikolaus trat auf die Bühne hinaus und wunderte sich. Kein einziger Engel war zu sehen. Er ging vor der offenen Tischseite auf und ab, und auf und ab. Er sah die leeren Teigschüsseln, die leeren Bleche, den leeren Schokoladentopf. Er rang anklagend die Hände und zerwühlte zornig seinen langen Bart. Er fragte mit donnernder Baßstimme: «Wo sind meine Engel, diese Bengel? Wo sind die Pfefferkuchen und wo die Plätzchen?»

Ich wurde immer aufgeregter. Nicht, weil die Engel alles weggenascht hatten, sondern weil der Nikolaus dauernd so dicht an ihnen vorbeiging, daß er sie fast getreten hätte. Als er etwa zum fünftenmal wissen wollte, wo die unartigen Bäkkerinnen abgeblieben waren, da konnte ich seine Verzweiflung nicht länger ertragen, und ich rief mit heller Stimme durch den Saal: «Aber die sitzen doch alle unter dem Tisch, Nikolaus. Siehst du sie denn nicht?»

Erst war es totenstill. Das Spiel auf der Bühne stockte, und der Nikolaus blickte verwirrt um sich. Die lieben Englein hatten gar keine Angst mehr und kicherten albern. Dann erhob sich ein brausendes Gelächter aus vielen Kehlen und manche Zuschauer klatschten sogar.

Von meinem Bruder fing ich eine saftige Ohrfeige ein, mein Vater lachte so sehr, daß ich von seinem Schoß fiel, und

meine Mutter verbarg ihr Gesicht in beiden Händ
wahrscheinlich hat sie auch nur gelacht.

Ich fühlte mich jedenfalls ungerecht behandelt und brüllte lauthals.

Die Eltern zwängten sich mit uns, so schnell sie nur konnten, an – und auf – vielen Füßen vorbei nach draußen.

Gleich auf der Straße erhielt ich eine erzieherische Lektion darüber, wie unfein es ist, zu petzen. Und mein Bruder behauptete, mit mir könne man sich nirgendwo sehen lassen.

Als das nächste Weihnachtsfest und wieder eine Märchenvorstellung nahte, mußte ich viele Male versprechen, mich gebührlich zu benehmen und mich an der Handlung auf der Bühne akustisch nicht zu beteiligen. Ich gelobte es in den höchsten Tönen. War ich doch nun schon fünf Jahre alt und «groß».

Aber ich machte zur Bedingung, daß mein Bruder weit weg von mir sitzen mußte.

Sonja Maria Abel

Besucher für eine kurze Zeit

Birgit gibt dem weiß lackierten Pappschneemann, der auf einem Vertiko steht, einen traurigen Schubs. Er ist mit Sägemehl beklebt, und schon rieselt es auf das edle Mahagoniholz.

Draußen aber rieselt doch tatsächlich echter Schnee. «Wie im Bilderbuch», sagt Birgit und schiebt die dunkelroten, seidig glänzenden Vorhänge zur Seite, um besser die malerische Winterlandschaft betrachten zu können.

Bernd wirft Holzscheite in den gekachelten Kamin. Es knistert anheimelnd, ebenso wie der Kandiszucker im Tee, den Bernd für beide eingeschenkt hat. Geplant hatten sie die Feiertage ganz anders. Bernd wollte mit seiner Pflegemutter und den Familien ihrer Kinder Kathrin und Werner in Kiel zusammen sein.

Er ist nach einem abgebrochenen Maschinenbaustudium Taxifahrer in Neumünster und bewohnt dort allein ein kleines Appartement.

Birgit wollte mit Wolfgang, ihrem Lebens- und Geschäftspartner seine Eltern in Wiesbaden besuchen. Sie führt mit ihm zusammen ein Fotogeschäft in Hamburg.

Birgit füllt eine Holzschale mit Nüssen und Mandarinen. Bernd betrachtet forschend ihr Gesicht. «Diese Ähnlichkeit», stellt er fest. Nun sitzt da Birgit auf Claras Platz und sieht genauso aus wie Clara. Es kommt ihm alles sehr unwirklich vor. Birgit reißt eine Tüte mit Lebkuchenherzen auf, und bald sieht der Tisch weihnachtlich gemütlich aus, getrübt nur von dem Gedanken an Claras Tod und eine verwickelte Familiengeschichte.

Birgit setzt sich mit ihrer Teetasse an den Kamin und beobachtet nun ihrerseits Bernd, der die Kerze des Adventsgesteckes auf dem Couchtisch anzündet. Sie ist versunken in seine markanten Gesichtszüge. «Buschige Augenbrauen hat er», findet sie. «Er würde einen prima Weihnachtsmann abgeben, aber leider fehlt hier das Kinderlachen.» Kinder hat es nie gegeben in diesem Haus, obwohl es doch welche hätte geben können. Denn Clara, die zwanzig Jahre in dem azurblau gestrichenen Haus gewohnt hat, hat zwei Kinder zur Welt gebracht. Das war in der Nachkriegszeit, 1948 und 1950. Birgit und Bernd nannte sie ihre Kinder. Sie sind nicht gemeinsam aufgewachsen und haben erst jetzt nach dem Tod der Mutter voneinander erfahren. Birgit ist bei einer Pflegefamilie aufgewachsen. Von ihrem Vater weiß sie nicht viel. Clara erzählte kaum etwas, so muß sie sich mit ein paar winzigen verblichenen Schwarzweißfotos begnügen. Clara hatte den Kontakt zu Birgit nie abgebrochen. Gedanklich war sie wohl viel bei ihren Kindern, sie schrieb sehr oft. Manchmal besuchten sie sich kurz, aber ein gemeinsames Leben gab es nicht.

Mit Bernds Vater war Clara verheiratet gewesen, aber die Beziehung hielt nicht lange. Warum Clara auch Bernd zu einer Pflegemutter gegeben hat, und warum sie ihr nicht von Bernd erzählt hat, wird Birgit nie verstehen. Jetzt kann sie ihre Mutter nicht mehr nach den Gründen fragen. Clara ist zwei Tage vor Weihnachten an plötzlichem Herzversagen gestorben und wird viele Geheimnisse mit ins Grab nehmen.

Die Beerdigung wurde auf einen Tag nach dem Fest gelegt. Die Geschwister hatten am Vormittag mit dem Pastor, dem Rechtsanwalt und dem Bestattungsunternehmer gesprochen, bevor alle in die Feiertage gingen.

Das Haus, sie nennen es das «Blaue Haus», gehört jetzt Bernd und Birgit je zur Hälfte. Ein Testament gibt es offensichtlich nicht und wahrscheinlich keine weiteren Geschwister. Ganz auszuschließen ist es natürlich nicht. Sie hatten ja auch nichts voneinander gewußt. Sorgfältig lesen sie jedes Schriftstück, bevor sie es fortwerfen. Sie lassen die Vergangenheit aufleben, versuchen, etwas Licht ins Dunkle zu bringen. Clara muß öfter ihren Wohnsitz gewechselt haben, das macht die Nachforschungen schwierig.

Bernd löscht die Kerze. Morgen werden sie weiter in alten Fotos, Briefen und Dokumenten kramen. Es hat aufgehört zu schneien. Sie machen noch einen Spaziergang durch die kleine, friedliche Stadt am Meer. Die Bürgersteige sind frei, nur die Vorgärten sehen leicht überzuckert aus. Es ist Heiligabend. In vielen erleuchteten Zimmern der Backsteinhäuser können sie die geschmückten Tannenbäume sehen und Familien, die beisammen sitzen.

Die beiden Menschen, die sich gerade erst gefunden haben, gehen einen Moment schweigend nebeneinander her. Jeder hat seine eigenen Gedanken. Dann eröffnet Bernd das Gespräch: «Das ist, abgesehen von Claras Tod natürlich, die schönste Bescherung, die ich je hatte. Eine Schwester bekommt man nicht alle Tage.» Wieder im «Blauen Haus» angekommen, sitzen sie bis nach Mitternacht am Kamin. So viele Fragen sind noch offen. «Wovon hat Clara (manchmal sagen sie jetzt ‹unsere Mutter›) nach dem Tod von Bernds Vater gelebt?» Seither bekam sie keinen Unterhalt mehr. «Wieso konnte sie sich ein Haus leisten?» Daß es ihr gehörte, hatten beide nicht geahnt. Clara arbeitete nur gelegentlich in verschiedenen Branchen.

Am ersten Weihnachtstag lüftet sich wenigstens ein Geheimnis. Bernd findet ein Testament eines Marineoffiziers a. D., der ihr das «Blaue Haus» schenkte. Birgit findet zu Bernds Freude ein Kinderfoto von ihm mit seiner roten Lieblingskatze «Tiger», aufgenommen bei seiner Pflegemutter.

Die Zeit vergeht wie im Fluge. Während sie am zweiten Weihnachtstag immer noch Schriftstücke sortieren, die sie in einem antiken Sekretär fanden, hören sie Weihnachtslieder, die der NDR sendet. Sie zünden zum letztenmal die Kerze an. Morgen, gleich nach der Beerdigung werden sie abreisen. Sie werden wiederkommen, um den Haushalt aufzulösen, aber das hat Zeit.

Birgit und Bernd stehen allein am Grab. Clara hat sehr zurückgezogen gelebt. Die wenigen Freunde auswärts können von ihrem Tod nichts wissen.

Ein kühler Wind weht, Bernd schlägt den Mantelkragen hoch. «Wir sind alle nur Besucher in dieser Welt, Besucher für eine kurze Zeit», sagt der Pastor in seiner Andacht. Über

Clara erwähnt er nichts Persönliches. Er kannte sie kaum, und in seinem Vorgespräch hat er nicht viel gefragt, war sehr diskret, was die Familiengeschichte angeht. Als Birgit im Schnellzug nach Hamburg sitzt und auf die vorbeirauschende norddeutsche Landschaft schaut, denkt sie: «Ja – Besucher für eine kurze Zeit!»

Dagmar Walter

Der glücklichste Junge der Welt

Das Weihnachtsfest stand vor der Tür. Aber seit ein paar Monaten war Klaus' Welt aus den Fugen geraten. Sein Leben hatte angenehme Seiten, so brauchte er zum Beispiel noch nicht wieder zur Schule, und unangenehme, wie die Tatsache, daß er die rechte Hand seiner Eltern sein mußte und wollte. Dieses war nicht immer einfach, manchmal sogar ziemlich gefährlich. Sein Organisationstalent und seine Phantasie waren gefragt. Ihr erstes gemeinsames Weihnachtsfest seit Jahren sollte ein besonders schönes werden. Wie unbeschreiblich froh und erleichtert war er gewesen, als er vor drei Monaten mit über tausend anderen Mädchen und Jungen mit der Reichsbahn in den Bremer Hauptbahnhof einfuhr. Damals entdeckte er gleich seine Eltern und hatte nur mit Müh und Not seine Tränen zurückhalten können. Nicht alle seine Klassenkameraden hatten dieses Glück, beide Elternteile vorzufinden, mit ihm teilen können. –

Diese Fahrt, die amerikanische Soldaten ermöglicht hatten, war eine Odyssee gewesen. Sie währte zweiundsiebzig Stunden, und jede einzelne war für Klaus eine Tortur gewesen. Nach dem Ende des Krieges hatte ihn die Ungewißheit, ob seine Mutter und sein Vater noch lebten, beinahe den Verstand geraubt. Er hatte schöne und schwere Zeiten erlebt in der Kinderlandverschickung. Sie hatten im Gau Salzburg auf einem Eiland gelebt, waren von den Kriegsgeschehnissen nur gestreift worden. Aber die letzten Monate hatte es keine Feldpostbriefe mehr von seinem Vater aus der Tschechoslowakei gegeben, und seine Mutter hatte keine Freßpakete mehr geschickt. In der amerikanischen Soldatenzeitung *Stars and Stripes* hatte Klaus dann gelesen, wie zerstört seine Heimatstadt Bremen war.

Er fand die Berichte bei seiner Rückkehr bestätigt, aber alle Veränderungen, wie z. B. die Zwangseinweisung in eine sehr enge Wohnung, nahm er in Kauf. Wie viele Jahre hatte er Nähe und Wärme seiner Eltern entbehren müssen! Auch die zugeteilten Lebensmittel, nach denen jedem arbeitenden Erwachsenen 1000 Kalorien am Tag zustanden, erschwerten ihr Leben. Außerdem waren die Regale in den wenigen provisorischen Geschäften meist leer geräumt. Das Organisieren, das Tauschen, aber auch das Klauen standen an erster Stelle. Es erfaßte auch Klaus, mußte er doch, da sein Vater als Justizangestellter beim Amtsgericht vom Schwarzhandel nichts wissen durfte, den Mann in der Familie ersetzen.

Und dann war er da, der Heiligabend 1945, das erste Weihnachtsfest nach dem Kriege.

Zu dritt hockten sie um die Brennhexe, die das, auch von ihm besorgte, Brennmaterial sparsam verfeuerte. Einige wenige getauschte Kerzen tauchten das kleine Zimmer in eine weihnachtliche Atmosphäre. Es bedurfte keiner Zweige, oder gar eines Baumes, sie spürten die Botschaft des Weihnachtsfestes mit jeder Pore ihres Körpers. Keiner, nicht einmal Klaus dachte an einen Gabentisch wie zu früheren Weihnachtsfesten. Sie hatten sich ein gemeinsames Geschenk gemacht, um diese Stunden zu feiern. Ein Festessen, für das er eine Flasche Rotwein besorgt hatte, stand vor ihnen: Kartoffelsalat und Würstchen. Es war ein unvergleichbarer Reichtum an diesem Heiligabend 1945, der nur noch von dem Glück, das Essen gemeinsam und in Frieden einnehmen zu dürfen, übertroffen wurde. Nach vielen Wochen, in denen Klaus durch das Organisieren und die ständige Angst vor der Militärpolizei beim Schwarzhandel nicht zum Nachdenken gekommen war, spürte er wieder ein tiefes Glücksgefühl in sich hochsteigen. Wie bei seiner Ankunft in Bremen kroch jetzt eine Gänsehaut seinen immer noch dünnen Körper hinauf. Trotz der wohligen Wärme, die die Brennhexe spendete, durchliefen Kälteschauer seinen Körper. Was hatte er doch für ein unbeschreibliches Glück. Er durfte Weihnachten mit seinen Eltern feiern, während einige seiner Klassenkameraden ihren Vater durch den Krieg verloren hatten, oder auf ihn warteten, weil er noch in Kriegsgefangenschaft war. Es war für Klaus und seine Familie ein einzigartiger Heiligabend, der seinen feierlichen Höhepunkt mit der Geburtsstunde Radio Bremens hatte. Die Domglocken läuteten das erste Friedensprogramm ein. Aneinandergedrängt saßen sie am organisierten Volksempfänger, um die erste Sendung zum Heiligabend zu hören. Sie lauschten der Ansprache des Bürgermeisters Wilhelm Kaisen und den anschließend von einer US-Band gespielten deutschen aber auch amerikanischen Weihnachtsliedern. Klaus und seine Eltern stimmten ein, und wieder mußte er gegen die aufsteigenden Tränen ankämpfen: «Stille Nacht, heilige Nacht» sangen sie zusammen mit -zigtausenden anderer Bremer auf dem Marktplatz, oder an den Volksempfängern.

Da lag er nun auf seiner Holzpritsche, die auf Backsteinen mit Dachpappe stand. Der schönste Heiligabend seines bisherigen Lebens war zu Ende. Was zählten ein Gabentisch in Friedenszeiten, was zählten die Freßpakete der letzten Jahre, wenn man nicht bei seinen Eltern war. Was nützte eine gute Kameradschaft unter Jungen, wenn er keine Geborgenheit und Wärme spürte? Heute am Heiligabend 1945 hatte er alles. Er war der glücklichste Junge der Welt.

Susana Röckseisen

Ein ganz anderer Weihnachtsmann

Ein ganz besonderes Weihnachten erlebte ich vor drei Jahren, als ich mit meinen Eltern durch die Vereinigten Staaten Amerikas reiste. In Großstädten wie Los Angeles herrschte bunter Weihnachtstrubel. Vor jedem Kaufhaus stand ein «Santa Claus» mit Rauschebart und rotem Mantel, der eine große Glocke schwang und sich mit Kindern fotografieren ließ. An den Straßenrändern wurden Christbäume mit silbernem Glitzerschnee verkauft, auf Wunsch auch nadelfest aus Plastik. Aus unzähligen Lautsprechern plärrten ständig Weihnachtslieder. Die Menschen hasteten überladen mit Kartons und Tüten durch die *«malls»*, riesige überdachte Einkaufszentren, und rafften noch die letzten Geschenke zusammen.

Viel ruhiger wurde Weihnachten in Santa Fé, einer Stadt in New Mexico, gefeiert. Überall auf den Dächern und Mauern der flachen Lehmhäuser flackerten Kerzen in braunen Papiertüten und tauchten die ganze Stadt in warmes Licht. So blinzelten die unzähligen *«luminarias»* wie ein Sternenmeer in der Dunkelheit. In den Hinterhöfen wurden *«bon-fires»*, Freudenfeuer, entzündet. Diese umringten die Menschen mit Freunden und Nachbarn, faßten sich an den Händen und sangen Weihnachtslieder. Die Luft war erfüllt vom Duft der Feuer und leiser Musik.

Doch am meisten hat mich beeindruckt, wie die Indianer ihr Weihnachtsfest feiern. Heiligabend erreichten wir das Indianerdorf Santo Domingo. Sofort fiel uns auf, wie still es war. Die Straßen waren menschenleer. Nur ein Hund döste an einer Mauer.

In diese fast gespenstische Stille grollte plötzlich fernes Donnern. Wir stiegen aus dem Auto und folgten dem dumpfen Dröhnen, das sich beim Näherkommen immer mehr in rhythmische Schläge auflöste. Als wir aus einer engen Gasse bogen, öffnete sich vor uns ein riesiger Platz. Er war umringt von unzähligen Indianern. In bunte Decken eingemummelt, hockten sie auf Arkaden und Balkonen, kauerten auf den flachen Dächern und Mauern. Alle verharrten völlig reglos und schauten schweigend auf den Platz. Es schien, als wären sie in einen geheimnisvollen Zauberbann geschlagen. Niemand beachtete uns, als wir uns leise dazugesellten.

Das Trommeln kam immer näher. Schon dröhnte es wie Herzschlag in unseren Ohren. Da traten aus einer Seitengasse etwa fünfzig Musiker. Einige der Männer trugen große Holztrommeln an Riemen um die Schultern. In der Mitte des Platzes angelangt, ließen sie die Trommeln verstummen. Es war auf einmal so still, daß wir kaum zu atmen wagten.

Dann drang aus der Seitengasse geheimnisvoller Schellenklang. Und schon erschienen die ersten Tänzer. Ihre Gesichter und Oberkörper waren schwarz bemalt. Um die Schultern trugen sie Büffelfelle. Mit gesenkten Hörnern stampften sie schnaufend über den Platz, daß der Sand um ihre Füße wirbelte. Die Musiker schlugen wieder auf die Trommeln, und der Männerchor stimmte einen mächtigen Gesang an. Die Töne hallten von allen Mauern wider, so daß die ganze Luft von der Musik schwirrte.

Den Büffeltänzern folgten Tänzer mit Hirschfellen. Auf ihren Kappen wippten kleine Geweihe. Sie stützten sich mit den Armen auf lange Stöcke und staksten damit wie hochbeiniges Wild umher. Nach den Hirschtänzern traten Tänzer in Antilopenfellen auf. Sie hielten grüne Zweige in den Händen, die sie abwechselnd in alle Himmelsrichtungen schüttelten. Zuletzt kamen die Jäger mit Pfeil und Bogen. Ihr langes schwarzes Haar war geschmückt mit bunten Papageien- und Adlerfedern.

Jede Tänzergruppe bewegte sich in besonderen Schritten, je nachdem, welche Rolle sie spielte. Bei jedem Schritt schellten die abertausend Glöckchen an ihren Arm- und Fußbändern. In einer langen Prozession tanzten sie rund um den Platz, bis sich ihr Kreis schloß. Obwohl ihnen der Schweiß schon in Strömen über die bemalten Gesichter rann, sprangen die Tänzer so leichtfüßig, als würden sie nie müde werden. So tanzten sie wie in Trance, stundenlang. Es war ein großartiger Anblick: die geschmückten Tänzer, dazu der dramatische Gesang und der Herzschlag der Trommeln, rundherum die reglosen Zuschauer – mit ihren bunten Dekken wie ein Tupfenkranz – und über den flachen Lehmhäusern ruhten die blauen Berge im Morgendunst.

Tief in Gedanken versunken, die Ohren noch voll Musik, gingen wir schließlich zurück zum Auto. Das Indianer-Lied wollte mir nicht aus dem Kopf gehen. Leise summte ich es vor mich hin. Deshalb erschrak ich sehr, als ich plötzlich dicht neben mir in einem dunklen Hauseingang in ein verrunzeltes Gesicht blickte. Der alte Indianer war offensichtlich genauso überrascht wie ich. Wortlos starrte er uns an. Als wir unschlüssig stehenblieben, kniff er die schwarzen Augen zusammen und musterte uns mißtrauisch. Mit einem *«Merry Christmas»* brach mein Vater das gespannte Schweigen. Der Alte zuckte zusammen und huschte zurück ins Haus.

«Wie kannst du einem Indianer nur ‹Fröhliche Weihnachten› wünschen?!» fuhr ich meinen Vater an. Ich war sicher, daß wir den alten Mann mit diesem Gruß tief verletzt hatten. Als die Europäer vor 500 Jahren nach Amerika kamen und versuchten, den amerikanischen Ureinwohnern den christlichen Glauben aufzuzwingen, haben sie so viel Unglück über sie gebracht. Deshalb dachte ich mir, daß die Indianer wohl nicht gerne an Jesus oder Weihnachten erinnert werden. Beschämt ging ich weiter.

Doch dann geschah ein kleines Wunder, das unsere weihnachtliche Stimmung rettete: Als wir gerade ins Auto steigen wollten, kam uns der alte Indianer nachgelaufen. Er legte mir eine Papiertüte in die Hände und lächelte zahnlos. Aus der Tüte duftete es wunderbar nach frischem Brot. *«Merry Christmas»*, krächzte der Alte in gebrochenem Englisch, und ehe ich mich bedanken konnte, war er schon im nächsten Hauseingang verschwunden. «Also doch ‹Fröhliche Weihnachten›!» meinte mein Vater und zwinkerte mir vergnügt zu. Da lachten wir alle befreit. Mit frohen Herzen brachen wir Stücke von dem leckeren Brot und schmausten sie auf der Weiterfahrt.

Später erfuhr ich, daß wir in Santo Domingo den Büffeltanz gesehen hatten. Mit diesem Tanz danken die Indianer dem «Großen Geist» für das Wild und die Büffel, die sie erlegt haben, und für den Regen, der auf ihre Felder gefallen ist. Auch sie feiern also ein Freudenfest – genauso wie wir die Geburt Jesu, das Geschenk Gottes an uns.

Seit diesem Tag braucht mein Weihnachtsmann keine rote Zipfelmütze und keinen langen Rauschebart mehr. Er kann auch aussehen, wie dieser alte verrunzelte Indianer.

Renate Müller-Piper

Weihnachtsüberraschung

Wundergleiches – wann könnte das sich ereignen? Doch nur an jenem Tage, an welchem von jeher Unglaubliches nicht unmöglich scheint und von dem hier die Rede ist:

Den 24. Dezember zeigt unser Kalender an, als in der frühabendlichen Dämmerung ein Läuten an unserer Haustür die Feiertagsstille zerteilt. Bedeutungsvoll sehen wir einander in die Augen, mein Ehegefährte und ich: Da begehrt er also Einlaß, wie vereinbart, unser Festabend-Gast. Und noch immer zweifeln wir, wie Tobias, unser knapp fünfjähriger Sohn, ihn denn empfangen wird – jenen, der von drauß, vom Walde her, kommt und bevorzugt auf Schlitten zu reisen pflegt.

Erinnerungen fahren mir durch den Kopf: Als ich selbst so alt war wie heute unser Sohn, fielen vom verdüsterten Himmel über uns todbringende Bomben statt strahlender weihnachtlicher Sternschnuppen. Und an einen Besuch, wie wir ihn gleich willkommen heißen wollen, durfte ernsthaft nicht gedacht werden. Jedoch Träumen, ja Träumen und Ersehnen, das konnte mir selbst in den Zeiten des Fliegeralarms nicht verwehrt werden. Meine geheimen kindlichen Traumwünsche allerdings galten einzig dem Christkind – den rotgewandeten bärtigen Geschenkemann hingegen hatte ich gedanklich in den Hintergrund gedrängt.

Warum? Nun, offensichtlich verfügte doch nur dieses Christkind im himmelhellen Kleid über die notwendigen magischen Kräfte, die Welt wieder zu ordnen – seine Flügel deuteten hin auf Übermenschliches, auf Göttliches.

Mit der Dringlichkeit eines stürmischen Kindes erwartete ich übergroße, ganz wichtige Geschenke, ich erwartete, *die-*

ses Christkind möge zu Weihnachten die fernen, einsamen Soldaten aller Länder erlösen und in ihre eigenen Wohnungen, zu den wartenden Familien zurückzaubern, wo sie dann Männer ohne Uniformen und ganz ohne Waffen sein würden, sanfte Männer: Väter, Söhne, welche mit der Dampfmaschine, mit der elektrischen Eisenbahn spielen würden und den Kinderschlitten ausdauernder würden ziehen können als die Mütter.

Abermals läutet es, nachdrücklicher, dreimal. Ich dränge mein Erinnern zurück, und wir öffnen die Eingangstür: Da steht er uns also gegenüber, jener gütige, gelegentlich aber auch drohende und strafende Weihnachtsmann, im waldhimbeerroten Mantel, mit Würde verleihendem Wallebart und dem geschulterten kartoffelbraunen Sack, aus dem heraus eine sperrige Rute ins Halbdunkel sticht. Wir drei sehen einander an, geheimnistuerisch, und rufen mit feiertäglicher Stimme nach unserem Sohn, dem dieser Besuch aus Geschenkeland ja gilt und der seit geraumer Zeit schon sich verborgen hält, in seinem Zimmer vermutlich, in seiner Weihnachtswerkstatt.

Gewichtigen Schrittes treten wir dichter an seine Tür heran, rufen noch einmal seinen Namen – vergeblich. Ob er sich fürchtet, vor der Rute womöglich und dem Aufdecken seiner Missetaten, sorgen wir uns flüsternd, und meine Lust an dem Vorhaben ‹Bescherung mit Weihnachtsmann› droht zu platzen wie ein angepiekter Luftballon.

Behutsam öffnen wir die Tür zu Tobias' Reich und sind verblüfft: Abendliches Dunkel hüllt das Zimmer ganz ein! Dann aber, halbe Sekunden später, flackern in der Ecke rechts Lichterpunkte auf – wir halten den Atem an, sehen angestrengt hin: Aus einem tönernen Topf wächst dort wahrhaftig ein winziger Tannenbaum, mit leuchtenden Kerzen üppig besteckt und mit glutroten Sternen übersät. Und weiter? Daneben strahlt *ein knabenhafter Weihnachtsmann, ein*

Weihnachtsknabe, mit allem Zubehör vortrefflich ausgestattet. Und seine Wangen brauchte er nicht einmal rot anzumalen – sie glänzen überzeugender als jene künstlich geröteten unseres Gastes.

«Guten Abend! Ich – ich komme auch von drauß, vom Walde, her. Und ich will unbedingt auch Weihnachtsmann sein – weil das nämlich der allerschönste Beruf ist!» hören wir unseren Sohn verkünden. Und tief langt er sogleich für uns in seinen Geschenkesack hinein, welcher auf geheimnisvolle Weise mit meiner schmerzlich schon vermißten leinenen Tischdecke zu tun zu haben scheint. Wir Weihnachtsknabeneltern sehen uns verschwenderisch bedacht mit Äpfeln, Rute und Mandelkern, und auch unser anfangs nur irritierter Gast, der eigentliche Rotmantel, geht keineswegs leer aus. Er schüttelt, sich bedankend, seinem eifrigen Nachwuchs die Hand, anerkennend und jovial zugleich, so wie es unter Weihnachtsmännern wohl der Brauch sein mag.

«Nur schade», bedauert er wenig später, bedächtig den Kopf wiegend, «daß ich meine Geschenke dem Tobias Müller nicht überreichen kann...»

«Oh, doch, doch! Du kannst sie mir geben – alle. Ich sehe ihn nachher», versichert der Weihnachtsknabe da aber mit hastigem Nachdruck.

Und wirklich, das ist ein Vorschlag, der niemandem zu mißfallen droht!

Reiner Schrader

Weiße Weihnacht

Es sah nicht so aus, als würde Weihnachten Schnee liegen. Der Himmel war seit Tagen grau. Eine einzige gewaltige Wolkendecke spannte sich von einem Ende zum anderen, glatt und gleichmäßig, ohne das kleinste Schlupfloch. Manchmal lugte die Sonne daraus hervor, trübe und mutlos – ein goldener Knopf im Waschwasser, ab und zu an die Oberfläche gespült, um schnell wieder im undurchdringlichen Grau zu versinken.

Auch von Wind war nicht viel zu spüren. Die Tage verstrichen lautlos, in lähmender Stille. Die Luft war kalt und trokken, so trocken, daß es einem die Kehle zuschnürte. Und die Stadt so grau und trostlos wie das unbewegliche Nebelmeer über ihr. Es waren nur noch wenige Tage bis zum Fest. Schon unzählige Male hatte ich meine kleine, achtjährige Nase an der Scheibe plattgedrückt, um den Himmel zu fragen: Wird es heute schneien? Wird endlich Schnee in diesen bleiernen Staub fallen, der die Erde in freudlosem Alltag erstickt, und sie in das helle, reine Gewand der Weihnacht werfen? Aber es schneite nicht.

In den Schaufenstern posierten die Weihnachtsengel mit ihren weiten, gefältelten Kleidchen und den roten und goldenen Schleifen. Überall lächelten Weihnachtsmänner unter bereiften Brauen aus langen, samtig wallenden Wattebärten. Die Auslagen waren mit hübschen Paketen geschmückt, liebevoll verschnürt und arrangiert. Alles strahlte in froher Erwartung des Festes. Aber es schneite nicht.

In den Fenstern leuchteten Kerzen und Weihnachtssterne. An der großen Straßengabelung, da, wo die Schienen sich teilten, um rasch für immer auseinanderzulaufen, reckte sich eine riesige Tanne, die schon am frühen Nachmittag, wenn der erste Dämmer seinen bläulichen Schein ins ewige Grau mischte, über und über von Lichtern erglänzte. Wenn sie nur weiß wäre! Aber schneien, das wollte es einfach nicht. Was das bedeutet, kann man nur als Kind begreifen.

Es muß ein Sonntag gewesen sein, der letzte vor dem Weihnachtsfest. Ich durfte ins Kino. Der gedrungene, gelbliche Bau, von dem an allen Ecken und Enden die Farbe blätterte und der sich seltsam prahlerisch «Universum» nannte, lag nur ein paar hundert Meter entfernt auf der anderen Straßenseite. Ich überquerte die breite Hauptstraße mit ihren kantigen, speckig glänzenden Pflastersteinen und lief an der hohen Häuserfront mit den kleinen Läden auf dem aschgrauen Gehweg entlang. Bald war ich an der Schwingtür vor dem engen, schummrigen Kassenraum, dem die grelle Dramatik der Filmplakate eine seltsame Weihe von Welt und Abenteuer verlieh.

Man spielte «Schneeweißchen und Rosenrot». Ich erinnere mich noch deutlich an den Bären, einen zottigen Riesen, der Tag für Tag treulich bei den Geschwistern einkehrte, sie mit freundlichem Brummbaß begrüßte und mit ihnen herumtollte, um sich schließlich als verwunschener Prinz zu entpuppen.

Und natürlich an den Schnee. Da vorn auf der großen, lebendigen Leinwand, da wußte man, was ein richtiger Winter war. Schnee gab es da, daß einem das Herz lachen konnte. Der Wald war ein einziges glitzerndes, leuchtendes, kristallenes Paradies. Alles blinkte in reinstem Weiß, die Bäume, die Sträucher, die Kräuter, selbst dem gemütlichen Brummer war der braune Pelz mit feinstem Himmelspuder bestäubt. Wie friedlich alles war! Und wie behutsam der Schnee rieselte! Wirklich – wie im Märchen!

Als die Vorstellung aus war und ich in den verebbenden

Klängen der Schlußmusik langsam zum Ausgang glitt, war ich wie verzaubert. Als wollte er mich in die Wirklichkeit zurückholen, wehte mir ein Schwall kalter Luft entgegen. Es war dunkel geworden, stockdunkel – und doch merkwürdig hell. Träumte ich? Die Häuser, die Straße, die Dächer – alles war in makelloses Weiß gehüllt. Weicher, flaumiger Schnee hatte die Erde ertränkt, so tief, daß ich bis zu den Knöcheln darin versank. An den Hausecken, den Kantsteinen häuften sich, vom Wind gejagt, die Schneewehen zu winzigen Dünen. Die Straßenbahnschienen waren unter einer sanften Daunenlast begraben. Den Laternen hockten spitzige Nachtmützen auf den kahlen Schädeln. Und in dichten Schauern schneite es weiter, immer weiter, als wollte es kein Ende mehr nehmen.

Nur anderthalb Stunden hatte es gebraucht, um die Welt zu verwandeln. Mein kurzer Heimweg war ein endloser Marsch durch die Zaubernacht der Weihnacht. Ich fühlte, wie mein Gesicht glühte, während ich Schritt für Schritt schwer durch den knirschenden Grund stapfte und die kühlen Flocken mir in seliger Lust um den Leib stoben.

Zu Hause angekommen, blieb ich noch lange, lange ans Fenster gebannt, um mich an diesem Wunder sattzusehen, das nun doch noch, als wollte es sich für sein Säumen entschuldigen, in seiner ganzen Fülle hereingebrochen war. Und noch immer steht mir das Bild vor Augen, wie dickvermummte Gestalten durch das Schneefeld waten, das sich über die schwacherleuchtete Straße breitete, um auf die andere Seite zu gelangen, und hinter ihnen die Fußstapfen, schwarz und tief, die schon nach wenigen Augenblicken so vollkommen zugeweht waren, als wäre dort nie eine Menschenseele gegangen.

Katharina Seidel

Sie leben immer noch in einem Stall

Nach der Kindermesse ging es in der Sakristei wie in einem Taubenschlag zu: Eltern, Schüler und Großmütter gaben sich die Klinke in die Hand, um Pater Konrad noch rasch frohe Weihnachten zu wünschen. Die letzten, als das Gedränge sich verlor, waren seine vier Ministranten.

Karsten strahlte: «Ich kriege eine elektrische Autobahn!»

«Woher weißt du das?»

«Habe heut schon mein Spielzimmer ausräumen müssen.»

Auch der lange Cord wußte bereits, was ihn erwartete: ein Computer. «Ich habe ihn selbst ausgesucht. Soll ich mal sagen, was er kostet?»

«Bitte nicht!» wehrte Konrad ab.

Claudia hoffte auf ein Fahrrad mit zwei Dutzend Gängen, Lena auf «eine ganz tolle Jacke».

«Vergeßt das Wichtigste nicht!» ermahnte Konrad, ehe sie davonstoben. Er schloß die Tür ab und stieg pfeifend die Pfarrhaustreppe hinauf. Fünf Stunden Zeit blieben noch bis zur Vorbereitung der Mitternachtsmesse und der Weihnachtsfeier der Kommunität – gerade genug für ein paar Besuche, die ihm am Herzen lagen.

Er würde nicht mit leeren Händen kommen, dafür hatten Eltern und Schwestern und Tanten gesorgt, die offenbar meinten, in einem Orden werde ständig gefastet und ihr Sohn und Bruder und Neffe falle ohne häusliche Nahrungszufuhr vom Fleische. Stollen und Schinken, Lebkuchen und Mettwürste. Konni verstaute alles in Tüten und einem großen Karton und trug es in einem Sack zum VW-Bus hinunter. Dann machte er sich auf den Weg.

Übergehen wir die Ausländer und Inländer, die Alten und Jungen, die Kranken und Gesunden, die er als fliegender Bote des Christkinds besuchte. Nur das Schicksal des großen Paketes soll uns noch interessieren.

Denn während des Gottesdienstes und der Visiten ging dieses Paket ihm nicht aus dem Sinn und nicht der, dem es galt: der kleine Oliver.

Oliver war nicht in der Kirche gewesen, nicht einmal heute. Konni hatte das spitze, seltsam alte Gesicht des Achtjährigen vergebens gesucht. «Kleiner Oliver», dachte er besorgt, «ich habe dich noch niemals lachen sehn. Ob es mir heute gelingt?»

Oliver besuchte seinen Kommunionsunterricht. Es hatte erst einer doppelten schriftlichen Einladung bedurft, bis der Junge zum erstenmal im Pfarrhaus erschien.

«Er stinkt so», hatte ein Mädchen geflüstert und war von ihm abgerückt. Der Halsansatz Olivers ließ ahnen, daß er mit Wasser und Seife selten oder nie in Berührung kam. An seiner Jacke fehlte ständig ein Knopf. Als er einmal in zwei verschieden großen linken Schuhen zum Unterricht erschien, hatte Konrad alle Mühe gehabt, Ausbrüche kindlicher Bosheit zu verhindern.

Zweimal hatte er versucht, zu den Eltern Olivers vorzudringen, doch niemand hatte ihm aufgemacht. Sie wohnten in einer der Sozialwohnungen am Bahndamm, in einem dieser freudlosen, rußgeschwärzten Backsteinhäuser. – Die Kartei verzeichnete: Beruf des Vaters – arbeitslos. Beruf der Mutter – keiner.

Heute, am 24. Dezember, gab es für Pater Konrad die seltene Chance des Besuches. Er hielt in der Bahnhofstraße vor dem ersten der Häuser, hob den Karton aus dem Wagen, drückte auf einen der acht Klingelknöpfe und stieg langsam mit seiner Last die Treppe hinauf. «Hoffentlich störe ich nicht», dachte Konrad, «es ist ja schon beinahe sieben. Wenn auch ärmlich – sie werden doch Weihnachten feiern.»

Übers Treppengeländer lehnte sich ein kleines Mädchen, unverkennbar Olivers Schwester. «Willst du zu uns?»

Konrad setzte den Karton auf den Boden, um ihr übers Haar zu streichen. «Aber ja», sagte er, «und du wirst mich führen, nicht wahr?»

Sie wich seiner Hand aus. «Beeil dich!» sagte sie. «Ich will den Film weiter sehen.»

Eine schwache Birne, einfach in die Fassung gedreht, gab dem Flur ein diffuses Licht. Sie hatten keine Garderobe; in eine Ecke geworfen lagen mehrere Kinderjacken.

Der Pater klopfte und folgte dem kleinen Mädchen in einen Raum, der nur schwach und unruhig erleuchtet wurde: ein Fernsehgerät stand auf dem Tisch an der Wand. Konrad mußte die Augen erst an die Dämmerung gewöhnen. Einzige Einrichtung des Zimmers schienen zwei Bettstellen zu sein. Auf der vorderen saßen die Frau, neben ihr schon wieder das Mädchen, das geöffnet hatte, und seine ältere Schwester. Als Konrad ihnen die Hand hinstreckte, wandten sie nur unwillig ihre Augen für zwei Minuten vom Bildschirm ab, um dann weiter eine farbenprächtige Weihnachtsshow zu verfolgen: den rot-weißen Weihnachtsmann am Mikrofon, im Hintergrund eine Truppe hüftenwiegender Glitzerengel; künstlicher Schnee rieselte auf die Bühne. –

Ein Baby begann zu schreien. Richtig, da stand ein Kinderwagen neben dem Bett. Das ältere Mädchen versetzte ihn, ohne hinzusehen, mit dem Fuß ins Schaukeln, bis das Schreien wieder verstummte.

Der Pater blickte forschend im Zimmer umher und entdeckte, daß im zweiten Bett jemand lag und schlief. Der Vater.

«Ist Ihr Mann krank?» fragte er teilnahmsvoll.

«Besoffen», sagte die Frau, ohne die Augen vom Fernseher zu lassen.

Am Fenster aber standen die beiden Jungen. Sie kauten. Als Konrad sich ihnen näherte, bemerkte er, daß Oliver heimlich etwas fallen ließ. Dann krampfte sich alles in ihm zusammen: Die Jungen aßen den Kitt von einer frisch eingesetzten Fensterscheibe.

«Oliver!» sagte der Pater und gab dem Jungen einen Wink, er solle ihm beim Auspacken des Paketes behilflich sein. Der Karton stand auf der Erde mitten im Raum. Urplötzlich war die Szene verändert. Der andere Junge lief zum Schalter und knipste das Deckenlicht an. Die beiden Mädchen sprangen vom Bett, schwerfällig erhob sich auch die Mutter. Nur der Vater blieb schnarchend im Bette liegen. Sie umstanden fasziniert den Karton und verfolgten, wie Konrad die Deckel zurückschlug und Oliver einen Bogen Papier entfernte. Diese Augen! Sie starrten auf Stollen und Marzipan, auf Lebkuchen und Würste. Dann aber, schneller als Konrad denken konnte, stürzten die Jungen sich auf das Paket und griffen zu, die Mädchen ihnen nach, dann auch die Mutter. Jeder riß etwas an sich und stopfte in den Mund, was er zwischen die Finger bekam.

Pater Konrad war vergessen. Er blickte gebannt auf die Szene, ehe er sich entfernte und aus der Wohnung schlich, unbeachtet.

Als er zurückfuhr, streiften zwar seine Blicke erleuchtete Fenster, Christbäume, Kerzen, Kinderbescherungen. Durch alles hindurch aber sah er Oliver und seinen Bruder den Kitt von der Scheibe kratzen.

«Heiliger Christ!» dachte er. «Sie leben immer noch in einem Stall.»

Gerhard P. Nee

Der falsche Weihnachtsmann

Nur noch wenige Tage waren es bis Weihnachten. Um in Ruhe letzte Besorgungen machen zu können, gab mir meine Schwester ihre Tochter zur Beaufsichtigung. Die Kleine saß mir gegenüber und mampfte Karamelbonbons. Als alle Süßigkeiten in ihrem Bauch verschwunden waren, fragte sie mich:

«Du sag mal, glaubst du daß es den Weihnachtsmann wirklich gibt?»

Ich konterte mit einer Gegenfrage: «Glaubst du, daß es die Sonne gibt?»

«Was hat denn die Sonne damit zu tun? Ich hab dich was gefragt, und du mußt mir antworten!»

Damit hatte sie recht! Mit rhetorischen Tricks war hier nichts zu machen. Ich rang mich also zu einer Lüge durch: «Natürlich gibt es den Weihnachtsmann! Wer soll denn die ganzen Geschenke verteilen und wer...»

«Unsinn! So 'n Quatsch!»

Zwei mißtrauische Kinderaugen schauten mich an. Ich wurde unsicher und machte mir mit der Bemerkung Luft: «Du bist ein kleines fünfjähriges Mädchen und kleine fünfjährige Mädchen glauben nun mal an den Weihnachtsmann! – Wollen wir nicht Memory spielen?»

Der Versuch, sie mit ihrem Lieblingsspiel zu ködern, mißlang völlig.

«Lenk nicht ab! Du kannst mir nichts vormachen! Ich hab ihn nie gesehen! Noch nie in meinem Leben!»

«Aber letzte Woche in der Fußgängerzone hat der Weih...»

«Verkleidet! Der war verkleidet mit einer Plastikmaske!»

«Und im Supermarkt? Bei der Verlosung ist der Weihnachtsmann...»

«Ja ja! Mit 'nem Bart aus Watte! Hör bloß auf, alles gelogen!»

Ich versuchte es noch einmal: «Du hast doch bestimmt die Fernsehsendung gesehen, als der Weihnachtsmann mit einem Hubschrauber die...»

«Schauspieler!» rief sie. «Das war ein Schauspieler!»

Ich überlegte. Konnte ich es zulassen, daß der Weihnachtsmann so einfach aus dem Weltbild meiner kleinen Nichte verschwand? Als nächstes wäre womöglich der Osterhase dran gewesen! Nun mußten andere Mittel angewendet werden! Ich holte das Telefon und sagte mit ernster Miene: «Ich ruf ihn jetzt an!»

«Wen?»

«Den Weihnachtsmann natürlich!»

«Glaub ich nicht!»

«Du wirst schon sehen!»

«Hast du die Nummer?»

«Aber sicher!

Die Kleine verfolgte jede meiner Bewegungen ganz genau. Ich wählte die Nummer eines Freundes in Marburg, von dem ich wußte, daß er zu dieser Zeit ganz bestimmt nicht zu Hause sein würde. Ich könnte dann behaupten, der Weihnachtsmann wäre nicht zu erreichen und müsse wohl noch die letzten Einkäufe erledigen. Die Nummer war gewählt, und wir beide lauschten am Telefonhörer. Es klingelte einmal, zweimal. Scheinheilig flüsterte ich: «Er ist bestimmt nicht zu Hause, er wird wohl gerade...»

«Pssst! Ruhe!»

Wieder horchten wir, aber außer dem Klingelzeichen war nichts zu hören. Plötzlich ein Knacken in der Leitung: «Hier ist...»

Ich hustete laut. Das Mädchen wurde böse: «Ruhe! Sei endlich ruhig! Er ist es!»

Nun vernahmen wir die Stimme aus dem Hörer: «... bin zur Zeit nicht zu Hause. Wenn Sie eine Nachricht hinterlassen wollen, sprechen Sie nach dem Pfeifton.»

Die Kleine war ganz aufgeregt. Längst hatte sie sich des Telefonhörers bemächtigt. Sie wartete artig auf das Signal, dann plapperte sie los: «Ich bin ein Mädchen. Ich heiße Yvonne und wohne in Fallersleben. Du mußt mich am Weihnachtsabend besuchen! Schicke aber keinen deiner Kollegen mit Plastiknase. Du mußt schon selber kommen!»

Sie wollte auflegen, dann fiel ihr aber noch etwas ein: «Halt, warte! Wenn du nicht kommst, bin ich ganz ganz traurig!»

Nun legte sie den Hörer auf, gab mir das Telefon und rief zufrieden: «Es gibt ihn also doch!»

Schweigend saßen wir da. Die Kleine lächelte von einem Ohr zum anderen. Mir dagegen war nicht zum Lächeln. Zwar hatte ich die Rückkehr des Mädchens in die Schar gläubiger Kinder erreicht – aber um welchen Preis! Wer konnte denn ahnen, daß Anrufbeantworter auch schon in Marburg Einzug gehalten hatten!

Erst spät am Abend, als das Mädchen längst wieder zu Hause war, wurde mir die volle Tragweite des Telefongesprächs bewußt: Am Weihnachtsabend würde in Fallersleben ein Kind sehnsüchtig den echten Weihnachtsmann erwarten! Ich wußte, daß ich diesen kleinen Menschen nicht enttäuschen durfte. Es half alles nichts: ich beschloß, selbst in die Rolle des alten Mannes zu schlüpfen. Noch am gleichen Abend telefonierte ich in der Gegend herum, um jemanden zu finden, der mich auf alt, bärtig und weißhaarig stylen konnte. Es gelang mir, eine Nachbarin zu überreden, mich am Heiligabend weihnachtsmännisch zu verkleiden. In den folgenden Tagen hatte ich alle Hände mit den nötigen Vorbereitungen zu tun.

Endlich war Heiligabend. Ich war längst entsprechend verkleidet und machte mich auf den Weg. Nachdem ich mein Auto vom Schnee befreit hatte, konnte ich losfahren. Bei jedem Ampelstop wurde ich von den anderen Verkehrsteilnehmern neugierig beäugt. Hatten diese Leute denn noch nie einen Weihnachtsmann im Kleinwagen gesehen? Endlich war ich angekommen. Um keinen Verdacht zu erregen, parkte ich den Wagen ein wenig entfernt. Ich stieg aus und wollte gerade den Sack mit den Geschenken über den Rücken werfen, als eine mir wohlbekannte Kinderstimme mich ansprach:

«Du Weihnachtsmann! Das ist das Auto von meinem Onkel!»

Ich erstarrte. Meine kleine Nichte stand hinter mir und fixierte mich mißtrauisch. Mit verstellter Stimme sprach ich: «Ho ho ho! Was machst du denn hier draußen in der Dunkelheit?»

«Ich hab auf dich gewartet!» antwortete sie.

Das Mädchen blickte auf den Wagen. Eine Ausrede fiel mir schnell ein: «Das habe ich mir geliehen. Mein eigenes ist in der Werkstatt!»

«O das ist ja dumm! Komm mit!»

Sie nahm meine Hand, und wir gingen ins Haus, wo ich mich auf einen vorbereiteten Stuhl setzte. Ohne weitere Aufforderung trug sie nun allerlei Gedichte und Lieder vor, die sie für Weihnachten gelernt hatte. Das Mädchen war glücklich und sprudelte über vor Freude. Nach der Bescherung war es Zeit zu gehen. Die Kleine begleitete mich noch zu meinem Wagen. Dann zupfte sie mich an meinem Mantel: «Du bist doch nicht der richtige Weihnachtsmann!»

Mit tiefer Stimme antwortete ich: «Wie kannst du so etwas sagen?»

«Bitte sei ehrlich! Ganz ehrlich!»

Nun mußte ich ihr die Wahrheit sagen. Ich hockte mich nieder und sagte – nun mit meiner eigenen Stimme –: «Du hast recht, ich bin nicht der richtige Weihnachtsmann. Weißt du denn, wer ich in Wirklichkeit bin?»

«Klar doch! Hab ich gleich gewußt, als du mit dem Auto kamst! Und deine Stimme kannst du auch nicht richtig verstellen!»

«Du hast es die ganze Zeit gewußt? Warum hast du denn nichts gesagt?»

«Es hat alles so einen Spaß gemacht! Du hast dich doch so toll verkleidet!»

«Und du bist mir nicht böse, daß ich nicht der echte Weihnachtsmann bin?»

«Für mich bist du der richtige Weihnachtsmann! Ein Weihnachtsmann, der mir ganz allein gehört!»

Sie gab mir einen Kuß und lief dann durch den Schnee nach Hause. Von weitem winkte sie mir noch einmal zu und rief: «Fröhliche Weihnachten, Weihnachtsmann!»

Dann war sie im Haus verschwunden.

«Fröhliche Weihnachten, kleine Maus!»

Erika Hellwig

Santa Claas und Heringe

Es ist schon über 25 Jahre her, aber ich erinnere mich noch heute gern daran. «Willst du nicht Santa Claas mit uns verbringen?» fragten meine holländischen Freunde aus Scheveningen telefonisch bei mir an. Gern wollte ich das, war ich doch stets neugierig auf fremde Sitten und Gebräuche.

Am Spätnachmittag des 6. Dezember erreichte ich Scheveningen und fuhr erst einmal zum Strand. Welch ein überwältigender Anblick! Es herrschte klirrender Frost. Am Strand hatten sich auf dem feinen, gelben Sand riesige Eisschollen aufgetürmt, die, von der untergehenden Sonne angestrahlt, in zartem Rosa und Hellblau schimmerten. Darüber spannte sich ein wolkenloser Himmel in lichtem Blau und in lebhaftem Kontrast zum tintenblauen Meer, auf dem sich schneeweiße Schaumkronen überschlugen. Auf dem Weg zu meinen Freunden sah ich überall auf den zugefrorenen Grachten fröhliche Schlittschuhläufer.

Schlittschuhlaufen – ein wahrer winterlicher Volkssport der Holländer.

Bald saß ich wohlgeborgen in der warmen Stube. Der Widerschein des Feuers aus dem Kamin tanzte an der Decke. Die Kerzen auf dem Adventkranz verbreiteten ein ruhiges, sanftes Licht. Der starke Punsch ließ eine wohlige Wärme in uns aufsteigen, und wie die Kinder erzählten wir schon bald von Weihnachten und besonders von Santa Claas, denn Santa Claas wird in Holland viel mehr gefeiert, als Weihnachten. Weihnachten gilt in Holland als ein stilles, besinnliches Fest. Man geht zur Kirche und verbringt die Festtage im Kreise der Familie. Santa Claas ist jedoch ein fröhlicher Tag für jung und alt.

Der Mond war längst aufgegangen und die Sterne funkelten am Himmel, als plötzlich vor dem Fenster ein ohrenbetäubender Lärm anhub. Wir stürzten zum Fenster. Santa Claas mit seinem geschwärzten Gesellen war da! Mit lautem Gepolter warfen sie Äpfel, Nüsse, Schokolade, kleine Geschenke, hübsch verpackt, durchs Fenster in die Stube und stiegen dann selbst hinterher. Santa Claas suchte in seinem großen schwarzen Buch nach bösen Bubenstreichen, die wir begangen haben könnten. Vergeblich. Zur Belohnung für unser gutes Betragen bekamen wir den Anfangsbuchstaben unserer Vornamen aus weißer Schokolade mit buntem Zuckerguß. Artig sangen wir für Santa Claas ein Weihnachtslied, und dann verschwanden die beiden, laut polternd, wie sie gekommen waren, wieder durchs Fenster in die dunkle Nacht.

Wir hatten ein schlichtes, aber dennoch köstliches Abendessen. Es gab Bratkartoffeln mit Hering. Man verspeist ihn, indem man ihn mit den Fingern packt und ihn in aufrechter Haltung, ohne ihn zu zerteilen, zum Munde führt. Anschließend besuchten wir Freunde im Nachbarhaus. Das ist üblich so und erfolgt fast immer ohne große Aufforderung. Die Hausfrau holte aus der Küche für jeden eine Tasse Tee, dazu trockenes Gebäck aus der Kuchentrommel, die dann schnell wieder im Wandschrank verschwindet, um erst wieder bei der zweiten Tasse Tee zum Vorschein zu kommen. Auch das ist üblich, denn man schätzt es nicht, im Überfluß aufzuwarten. Man würde so etwas für aufdringlich und großspurig halten. Der Hausherr präsentierte Zigarren und Zigaretten. Ich hatte meine Geige mitgebracht. Mit dem Hausherrn am Klavier und den Freunden an der Flöte spielten wir Weihnachtslieder. Kurz vor Mitternacht gab es noch eine Tasse Kaffee. Das ist gleichzeitig ein diskreter Hinweis, das Beisammensein zu beenden.

Bei meinen Besuchen in diesem Freundeshaus war es üblich, daß mir am ersten Morgen das Frühstück ans Bett gebracht wurde. So auch diesmal. Reichlich Kaffee, heiße Milch, Fruchtsaft, mehrere Sorten Brot, Brötchen, runde und eckige Kekse, verschiedene Konfitüren, Ei, Wurst und Käse – so hauchdünn geschnitten, daß man durch die Scheiben hindurch die beigelegte Morgenzeitung hätte lesen können. Das Tablett liebevoll geschmückt mit Tannenzweigen, Schleifchen und einer kleinen Kerze. Wer die Holländer für nüchterner hält als die Deutschen, möge gleich am Morgen ihre Ausdrücke für Frühstück miteinander vergleichen. «Het Ontbijt» ist noch das Entbieten von Speise und Trank, mit dem das Haus nach alter Tradition den Gast ehrt. Was ist dagegen das deutsche «Frühstück» für eine wesenlose, nichtssagende Kiste!

Ein hübsch verpacktes Päckchen erregte gleich meine Neugier. Ich öffnete es sofort. Es war ein kleines Taschenbuch «Die weiße Rose» von Sophie Scholl, die in dieser Schrift mitten in der dunkelsten Zeit Deutschlands Zeugnis ablegt vom Dasein eines anderen Deutschlands. Ich war betroffen, verwirrt und wußte den Sinn dieses Geschenkes nicht zu deuten. Den ganzen Tag druckste ich herum und faßte erst abends den Mut zu fragen, warum sie gerade dieses Büchlein ausgewählt hatten. In bewegenden Worten schilderten meine Freunde, wie sie während des Krieges von deutschen SA-Leuten schwer mißhandelt und ins Gefängnis geworfen wurden, weil sie einen jüdischen Mitbürger vor ihnen versteckten. Dieses schlimme Erlebnis hatte tiefe Wunden hinterlassen, und sie hatten in den Jahren danach große Schwierigkeiten, gerade älteren Deutschen gegenüber freundlich zu sein. Erst im Laufe der Zeit gewannen sie den Glauben daran, daß es in diesem dunkelsten Kapitel der deutschen Geschichte auch andersdenkende Deutsche gab.

Seit zehn Jahren verbrachte ich mehrere Wochen im Jahr in diesem Haus. Es entstand eine echte Freundschaft zwischen uns. Ich glaubte meine Freunde zu kennen und hatte doch keine Ahnung, was sie in ihrem tiefen Inneren bewegte. Sie hatten mich, eine Deutsche, in ihr Haus aufgenommen. Plötzlich verstand ich. Die Einladung zu Santa Claas war nur ein äußerer Anlaß. Dieses Beisammensein sollte eine Aussöhnung mit dem Schicksal sein, eine Versöhnung zwischen zwei Völkern über Grenzen hinweg.

Welch ein Geschenk!

Michael Walter

Brief an die Schwester

Meine liebe Sophie!

Den gestrigen Tag sandte ich ein Päckchen mit einigen kleinen Dingen für den Heiligabend und einen Weihnachtsbrief an Euch und wird sicher die nächsten Tage bei Euch eintreffen. Der heutige Brief, den ich in einer kalten Nacht schreibe, ist nur für Dich bestimmt. So bitt ich Dich, wenn Du ihn erhalten und gelesen, verschlossen zu halten, für Augen und Ohren, welche nicht die Deinen sind.

Damit sende ich Dir auch die versprochene Feengeschichte für Deine Sammlung.

Entsinnst Du Dich noch, wie wir als Kinder im großen Garten hinter dem Haus spielten und uns an «geheimen Orten» gegenseitig Feenmärchen erzählten? Du warst, obwohl die jüngere von uns beiden, stets die beste Erzählerin und wirst, wenn Deine Sammlung an Feenmärchen weiter wächst, bestimmt einmal eine zweite Madame d'Aulnoy*.

Ach, wie wunderschön muß jetzt unser «Zaubergarten» sein. Ich stelle mir vor, er liegt unter einer dicken Schneedecke und träumt dem Frühling entgegen.

Obwohl – manchmal verwünsche ich den Winter. Er ist in diesem Jahr besonders kalt und geht doch der Ofen in meiner Kammer nicht...

Seltsam, daß der Mensch sich stets wünscht, was er im Augenblick nicht haben kann.

Dabei leide ich nichts. Im Gegenteil: Das Studium macht mir große Freude, und ich bin umgeben von vielen lieben Menschen, die versuchen, mir den Aufenthalt in der für mich fremden Stadt so angenehm, wie möglich zu machen.

Und doch –

Immerhin ist es mein erstes Weihnachten ohne Euch, meine Familie.

Bitte sage dem Herrn Papa nichts von meinen Gefühlen. Ich fürchte, ihn zu verletzen, wenn er davon erführe. Ich will nicht klagen, wo es nichts zu klagen gibt.

Wien ist eine außergewöhnliche Stadt.

Gerade ist Mozarts Geist, der sie beseelte, verweht, da wendet sich Wien schon einem neuen Klangzauber zu, der von Tag zu Tag neue Freunde findet. Beethoven oder Schubert sind noch frisch im Gedächtnis, da erhebt sich eine neue Stimme. Sie gehört Johann Strauß, den man hier den «Walzerkönig» nennt.

Vor vier Jahren gründete er sein eigenes Orchester, und seitdem schlagen die Herzen der Menschen im Dreivierteltakt. Wien ist heller geworden...

Doch unter dem Schein liegt das Sein und das ist nicht immer so lustig. Allein der Schein macht es erträglicher.

Nun muß ich Dir eine seltsame Begebenheit erzählen. Vor zwei Tagen hat sich etwas sehr Unheimliches zugetragen. Doch braucht es, damit Du die Zusammenhänge besser verstehst, eine kleine Vorgeschichte:

Die Hanslicks, bei denen ich Quartier bekommen habe, sind sehr freundliche Leute – ein kinderloses Ehepaar, das mich beinahe wie einen eigenen Sohn aufnahm.

Vielleicht sind sie etwas wunderlich: Das ganze Haus steht voll mit Uhren aller Größen. Noch nie habe ich so viele Uhren zusammen gesehen. Das ist ein Geticke und Getacke, daß es einen manchmal recht verwirrt. Herr Hanslick nämlich, mußt Du wissen, ist ein sehr künstlicher Uhrmacher.★★

Nun geschah es, daß er mich vor ungefähr drei Wochen einmal mit in seine Werkstatt nahm, um mir sein Handwerk zu zeigen. Dabei kamen wir auch in ein ungewöhnliches Gespräch:

«Franz, jede Uhr hat ihr Eigenleben. Ist Ihnen das schon aufg'fallen?»

«Nein.»

«Schaun's I will Ihnen das mal erklären. Sie san a junger Bursch und fremd hier: Wir Wiener haben eine besondere Beziehung zu den Uhren – oder sagen wir lieber eing'weihte Wiener. Wir glauben, daß jede Uhr ihren eigenen Charakter hat. D. h., wir glauben's net nur, wir wissen's.

Diese Standuhr zum Beispiel, was sagt sie?»

«Ich weiß nicht. Was sollte sie sagen?»

«Ja, Sie verstehn halt die Uhrensprache net. Sie sagt: Tick -- tack -- tick -- tack -- tick -- tack. Das bedeutet, daß sie eine sehr gemütliche Uhr ist. Sie lädt ein zur Ruhe, erzählt G'schichten...

Dagegen diese», er zeigte auf eine kleine, dafür außerordentlich kunstvoll gearbeitete Tischuhr, «sie sagt: Tick-tick-tick-tick-tick-tick-tick-tick... Das heißt in der Sprache der Uhren: Komm mit-komm mit-komm mit-komm mit-

Sie hat es sehr eilig und läßt Ihnen keine Ruhe. Viele kranke Menschen wissen vielleicht gar net, daß sie bloß krank san, weil sie solch eine Uhr besitzen.

All denen, deren Blut ruhig und geordnet fließt, fügt sie Schaden zu, denn das ewige ‹Komm mit - komm mit› geht aufs Gemüt. Denen aber, die so ab und zu einen kleinen Schubs brauchen, tut sie gut und ist die richtige ‹Gefährtin›.

Nur – Franz, das all's wissen eben nur wir Wiener.»

«Vielleicht sind Sie deshalb so lebenslustig.»

«Lebenslustig und ausgeglichen, soweit man das heutzutage sein kann – jetzt, da Fürst Metternich die Rolle einer eiligen Uhr übernommen hat.

Jedenfalls gibt es in der Familie der Uhren sogar Exemplare, die lügen. Sie sehen mich ungläubig an, aber das ist so. Es sind einige Wecker, die diese Unart besitzen. Sie sagen alle fünf Sekunden nur einmal ‹Schnarr› – das ist ein sehr langsames Tempo – und achtete man net drauf, schrillen sie so laut los, daß es einem durch Mark und Bein fährt.

Dann gibt es noch die Uhren, die Sie vor die Wahl stellen:

Ticke tacke tick – ticke tacke tack – ticke tacke tick – ticke tacke tack.

Möchtest du es so – oder lieber so?

Die beste Uhr ist jene, die kontinuierlich tick–tack–tick–tack–tick–tack sagt. Sie erhält den ruhigen, steten Fluß des Blutes.

Nun, mein lieber Franz, möchten S' sicher wissen, warum ich Ihnen das alles erzähle.

Die heutige Nacht ist die Nacht vor dem ersten Advent. Das bedeutet den Beginn der Weihnachtszeit. Scharen von Wintergeistern, Elfen, Feen und anderen Dämonen, verlassen ihre Dimensionen, um unsere Nächte mit Magie aufzuladen und einen großen, bisweilen gefährlichen Zauber zu erfüllen. Wir haben hier ein Sprichwort:

> ‹Wenn in der Nacht die Uhren stehn,
> hast du die Weihnachtsfee gesehn.›

Möchten Sie die ganze G'schichte hören?»

Natürlich wollte ich. Jetzt nämlich hatte mich Herr Hanslick neugierig gemacht.

Liebe Schwester, er verstand es, mich an seine Lippen zu bannen und all meine Sinne ganz ihm zu leihen.

Inzwischen war es in der, vorher kühlen Werkstatt, durch unseren Atem angenehm geworden. Die Dunkelheit war hereingebrochen, so daß Herr Hanslick eine (!) Kerze anzündete. Hernach nahm er wieder Platz und – Sophie, die Szene Dir zu beschreiben, fällt mir schwer.

Es war gespenstisch.

Das Licht der Kerzenflamme warf zahlreiche Schatten an die Wände und das Ticken der Uhren, deren Charakter ich nun kannte, ließ mich – schaudern.

Herr Hanslick selbst war mir nicht mehr so vertraut, wie sonst. Eine Gesichtshälfte im Dunkeln, die andere in warmes Kerzenlicht getaucht, saß er mir gegenüber, und seine Stimme klang mir im Ohr bald selbst, wie die einer Uhr. Schnarrend...

Und doch hatte er nichts von seiner freundlichen Art verloren. Da war eine Vielschichtigkeit, etwas das schwer faßbar, aber stark spürbar war.

Jedoch - ich fühlte mich nicht gerade unwohl; ein wenig in die Zeit versetzt, da wir uns noch erzählten.

Ich sehe vor meinem geistigen Auge, daß ich Dich neugierig gemacht habe. Deshalb will ich auch mit meinem Bericht fortfahren:

«Vor langer Zeit», begann Herr Hanslick, «gab es irgendwo in Skandinavien einen recht eigentümlichen Weihnachtsbrauch: Am Heiligabend, wenn die Familie ihre Weihnachtsstube für die Verstorbenen mit Speis und Trank hergerichtet hatte, damit diese das Weihnachtsfest noch einmal genießen konnten, sollten sie wenigstens eine Uhr im Hause für eine Stunde anhalten. Das war wichtig, damit die Toten in der Welt der Lebenden längere Zeit verweilen konnten. Denn wie wir wissen, ist es schwer für eine Seele das Jenseits für länger, als ein kurzes Auftreten zu verlassen.

Am Heiligabend des Jahres 1529 gab es jedoch eine Frau, die das Anhalten der Uhren mutwillig versäumte.

Sie hatte eine Gesellschaft gegeben und bis spät in die

Nacht hinein mit Freunden gefeiert, die ihrerseits alle Uhren in ihren Häusern angehalten hatten.

In dieser Heiligen Nacht verschwand die Frau spurlos und ward nie wieder gesehen.

Es heißt, sie sei in die Welt der Feen übergewechselt und verwünscht, den Menschen jedes Jahr in der Weihnachtszeit Gutes zu tun, an einem Ort, wo man den Brauch, den sie so schmählich mißachtete, nicht kennt; fortwährend auf der Suche nach einem Menschen, der ihr zuhört und ihre Geschichte glaubt, damit sie am Heiligabend erlöst werde.»

«Das ist ein wunderbares Märchen...»

«Ich bin noch nicht zu Ende.

Nun behaupten die Wiener, wozu ich mich auch zählen muß, seit 300 Jahren, die Weihnachtsfee gesehen zu haben. In der Tat kennen wir den skandinavischen Brauch net. Die Fee soll immer in einer anderen Gestalt erschienen sein und angeblich jedes Jahr die Uhren einer anderen Familie zum Stehen gebracht haben...

Nur – erlösen konnte sie bisher keiner.

Und was die Uhren angeht, so hab i wirklich nach Weihnachten die meisten Reparaturen.

Franz, es ist spät geworden! I hab Sie bestimmt zu lang von Ihrer Arbeit abg'halten.»

«Oh, nein, nein, es war schon gut. So habe ich wenigstens neue Ideen.»

«Recht so, Franz. Das muß auch mal sein... I werd noch ein wenig an einem neuen Uhrwerk arbeiten. Bis später. Und – lassen S' sich von meiner Frau einen starken Kaffee kochen.»

Ich hatte soeben die Werkstatt verlassen, da mich Frau Hanslick auch schon an der Tür erwartete.

«Na! Hat mein Mann Ihnen von seinen Uhren und der Weihnachtsfee erzählt?»

«Ja, aber woher...»

«Wußt i's doch. I kenn doch meinen Mann. Er erzählt gern. Manches mag ja stimmen, aber alles dürfen S' ihm net glauben.»

«Ja, ich muß dann wieder an meine Arbeit.»

«Gehn S' nur. Der Ofen funktioniert zwar noch net – weiß Gott, wann der Kohlenhändler kommt – aber i bring Ihnen gleich einen heißen Kaffee rauf.»

So weit erst die Vorgeschichte.

Sie war schon unheimlich genug, magst Du vielleicht denken, aber es wird noch unheimlicher:

Vor zwei Tagen suchte mich Frau Hanslick abends in meiner Kammer auf:

«Franz, Sie arbeiten zuviel. Wollen S' net einmal ausgehn?»

«Ausgehn? Ich? Ich wüßte ja nicht einmal wohin und allein...»

«Net allein. I hab das hier für Sie angenommen.»

Sie reichte mir eine Einladung zu einer Kaffeegesellschaft im Hause einer Gräfin.

«Ein junges Mädchen hat sie für Sie abgegeben. Sie hat sich net getraut, Sie selbst zu fragen.

Jedes Jahr vor dem heiligen Christfest gibt die Gräfin Zalinska eine Gesellschaft für junge Menschen, die hier fremd sind. Schaun S', Sie können doch net den ganzen Tag bis spät in die Nacht hinein über Ihren Büchern sitzen. Irgendwann braucht der Geist Erholung.»

Nachdem sie mich so überzeugt hatte, nahm ich die Einladung an.

Nach einer viertelstündigen Fahrt mit dem Fiaker, erreichte ich die auf der Einladung angegebene Adresse.

Man führte mich in eine Halle, wo die Gäste bereits versammelt waren; etwa fünfzehn junge Leute, von denen ich viele von der Universität wiedererkannte.

Ich möchte mich in meinem Bericht auf das Wesentliche beschränken, da die Einzelheiten, so hübsch sie auch sein mögen, zu lange erzählt werden wollen. Und ich möchte Dich doch, meine liebe Schwester, nicht langweilen.

Die Gräfin Zalinska war eine hochgewachsene Frau mittleren Alters mit listigen, kleinen Augen und, wie sie selbst von sich sagte, mit sehr viel Verständnis für junge Menschen.

Wir wurden also auf das herzlichste begrüßt und angehalten, uns noch ein wenig zu gedulden.

Was würde jetzt kommen? Dies dachte wohl jeder – obwohl wir mit Gesprächen über Studium und andere Themen uns recht gut abzulenken verstanden.

Unsere Unterhaltung wurde durch dreimaliges Händeklatschen der Gräfin unterbrochen.

«Kommt Kinder! Kommt in die Weihnachtsstube!»

Zu unserer Rechten wurde eine Flügeltür geöffnet, die einen kleinen Saal verschlossen gehalten hatte.

Unser jugendlicher Übermut brach jäh ab; wir standen einfach da und staunten, wie in unseren Kindertagen.

In der Mitte des Saales war ein großer Christbaum aufgestellt; geschmückt mit zahlreichen Wachslichtern und – nein, ich will es Deiner Phantasie überlassen, die Einzelheiten auszumalen. Wüßtest Du sie, würdest Du vielleicht in Versuchung kommen, mein erlebtes Weihnachtszimmer mit dem Deinen zu Hause zu vergleichen. Und ich weiß, daß oftmals die Phantasie geneigt ist, mehr zu schmücken, als zu Realitäten, womit ich meine, daß sie die Wirklichkeit gern außen vor läßt, und mag dies dann schmerzlich sein.

Darum sei mir bitte nicht böse, daß ich Dir die Beschreibung vorenthalte. Es ist für den Fortgang der Geschehnisse auch nicht allzu wichtig. Und hat sogar subtile Wirkung, wenn ich sage:

Stell Dir einfach ein Weihnachtszimmer vor.

Um die Sache spannender zu machen, habe ich Dir vorhin etwas verschwiegen: In der Einladung nämlich stand auch die Bitte, der Hausherrin nichts mitzubringen, als sich selbst und eine eigene Geschichte, mochte sie wahr oder erdacht sein.

Nachdem unser Leib mit den herrlichsten, weihnachtlichen Genüssen und reichlich Wiener Kaffee verwöhnt worden war, ging es an das Erzählen der Geschichten.

Da wurden Dinge berichtet, von denen nie jemand hörte: Unheimliches, Weihnachtliches, Trauriges, Erfreuendes – ein jeder von uns bemühte sich, nach Kräften etwas Eigenes, völlig Neues zu erzählen.

Als schließlich die Reihe an mich kam, erzählte ich, Du magst mir verzeihen, eines der vielen Feenmärchen aus unserer Kindheit.

Nachdem jeder seine Geschichte beendet hatte, wurden plötzlich alle Lichter gelöscht, bis auf die Kerzen am Christbaum. Eine geheimnisvolle Atmosphäre breitete sich aus und ließ uns wieder verstummen.

Im Laufe der nächsten Minuten wurden wir zu staunenden Zuhörern einer Geschichte, die uns die Gräfin selbst erzählte:

«Die Sage von der Weihnachtsfee.»

Obwohl ich sie bereits einmal gehört hatte, erschien mir alles neu. Die Gräfin wußte die Worte so magisch einzusetzen, daß sie uns in einen Zauberbann schlugen.

Hernach, als wir eine Weile darüber diskutiert hatten, wurde die Gesellschaft mit dem Anzünden der Lichter aufgehoben. Ein wenig müde, aber voller neuer Ideen schickte ich mich eben an, mit den anderen das gräfliche Haus zu verlassen, als plötzlich jemand meinen Namen rief. Kurz vor dem Eingang trat eine Dame auf mich zu, die sich als Madame Gevron vorstellte.

Sophie, ich sage Dir, nie sahen meine Augen ein schöneres, weibliches Wesen als Madame Gevron.

Sie mochte Anfang Dreißig sein. Goldbraune Haare umrahmten ihr zartes Gesicht, aus dem mich freundliche, dunkelbraune Augen anblickten.

Gekleidet in Schwarz, stand sie vor mir und lächelte mich an, daß mir beinahe die Sinne schwanden.

«Excusez-moi! Verzeiung, daß isch Sie einfach anspresche, Ihre Geschischte vorin at mir ser gut gefallen.»

«Sie waren auch auf der Gesellschaft?»

«Oui, Monsieur.»

«Ich... habe Sie gar nicht gesehen...»

«Sie se(h)en misch jetzt.»

«Ja, aber...»

«Puis-je vous raccompagner? Darf isch Sie begleiten? Wir könnten uns dabei unteralten. Isch möschte misch aber auf keinen Fall aufdrängen.»

«Das tun Sie nicht. Im Gegenteil: es ist schön, in dieser kalten Nacht nicht allein zu sein.»

Ja, Sophie, Du magst jetzt sehr staunen, aber ich bin diesen ungewöhnlichen Weg gegangen und habe mich von einer Dame nach Hause begleiten lassen, obwohl es doch hätte umgekehrt sein müssen.

Dabei hatte ich das Gefühl, nicht selbst zu handeln, sondern von einer fremden Kraft magischen Ursprungs geleitet zu werden. Ich weiß, das klingt schauerlich.

Du wirst Dir vorstellen können, wie mir zumute war. Ich bemerkte, daß ich völlig in Madame Gevrons Bann geraten war.

«Sie sind fremd ier – nischt wahr?»

«Ja, ich studiere.»

«Ah, l'étudian! Was studieren Sie?»

«Musik.»

«Oh, die geheimnisvollste aller Künste!»

«Sie kommen aus Frankreich, Madame?»

«Isch abe eine ser lange Reise inter mir. Im Moment komme isch aus Frankreisch, das ist rischtig.»

Diese orakelhafte Antwort erstaunte mich etwas. Doch ließ mich Madame Gevron gar nicht erst zu längerem Nachdenken kommen.

«Wie isch vorin schon sagte, at mir Ihre Geschischte gut gefallen. Man ört an Ihrem Stil, daß Sie gern erzälen.»

«Danke. Ja, meine Schwester und ich haben uns als Kinder oft Feenmärchen erzählt.»

«Und – glauben Sie an Feen?»

«Ich... Werden Sie mir versprechen, mit niemandem darüber zu sprechen? Ja, ich glaube an Feen.»

«Diese Tatsache scheint Ihnen unangenehm zu sein. Das muß es nischt. Der Glaube allein läßt Märchen wahr werden.»

«Sie haben sicher recht.»

«Bestimmt. – Wenn Sie also an Feen glauben, alten Sie es dann auch für möglisch, daß die Sage von der Weihnachtsfee nischt erdacht, sondern wahr ist?»

«Ja. Wir leben in einer sehr geheimnisvollen Zeit. Der Märchenglaube bewahrt uns ein Stück Kindheit.»

Wir waren in eine enge Gasse gebogen, als es neben mir still wurde, und ich mich plötzlich allein fühlte.

Als ich mich umwandte, mußte ich feststellen, daß mich mein Gefühl nicht getäuscht hatte, denn Madame Gevron war – verschwunden... Ich mußte der Sache einfach auf den Grund gehen und ging die paar Schritte bis zur Ecke zurück – sie konnte nur in der vorigen Gasse sein – doch sie blieb fort. Ich konnte sie nirgends entdecken.

War mir Madame Gevron auch mystisch, ja sogar unheimlich erschienen, so fehlte sie mir plötzlich.

Ihren einnehmenden Blick und ihr glockenhelles Lachen konnte ich nicht vergessen.

Ich glaube, ich habe mich ein bißchen verliebt.

Nun mußte ich meinen Weg allein fortsetzen.

Als ich später den Hanslicks von der Begebenheit berichtete, meinte Herr Hanslick: «Das war ganz bestimmt die Weihnachtsfee.»

«Ach, was! Franz, lassen S' sich net von meinem Mann einschüchtern.»

«Warten wir's ab. Warten wir's ab – ob heut nacht die Uhren stehenbleiben.»

In dieser Nacht schlief ich sehr unruhig.

Gegen Mitternacht wachte ich durch einen Grund auf, den Du vielleicht nicht für möglich halten wirst.

Ich erwachte, weil die zahlreichen Uhren, die mich die erste Zeit beim Schlafen gestört hatten, *nicht* tickten.

Sämtliche Uhrwerke im Hause Hanslick – standen.

«Wenn in der Nacht die Uhren stehn,
hast Du die Weihnachtsfee gesehn.»

An diesen Spruch mußte ich die ganze Zeit denken.

Was wird erst am Heiligabend geschehen?

Meine Studienfreunde, die beobachteten, wie ich das Haus der Gräfin Zalinska verließ, behaupten, niemanden an meiner Seite gesehen zu haben...

Liebe Sophie, ich will nun schließen.

Solltest Du meine erdachte Feengeschichte, vermissen, die ich versprach dem Brief beizulegen, so sollst Du wissen, daß ich mein Versprechen, wenn auch nicht auf den ersten Blick sichtbar, eingelöst habe.

Ich grüße Euch alle, den Herrn Papa, die Frau Mama und Dich ganz herzlich und denke viel an Euch.

Bleibe immer «meine kleine Fee».

Dein Bruder Franz

Anmerkungen:

* Madame d'Aulnoy: Marie-Catherine Le Jumel de Barneville, Baronne d'Aulnoy, 1650–1705, franz. Schriftstellerin, schrieb u. a. Feenmärchen.

** künstlicher = altmod. für künstlerischer.

Michael Walter

Des Engels Geschenk

Gestern traf ich einen Engel,
und der trug an einem Stengel
eine Blume weiß und zart
und so blütenrein apart.

Er erzählte mir die Geschichte,
daß er folgte einem Lichte;
einem großen, hellen Sterne
in die weite, weite Ferne.

Im Himmel war ihm sungen word'n,
daß uns Gottes Sohn geborn.
Nun wollte er zur Krippe gehn,
um sich's Kindlein anzusehn.

An eines mußt' er immer denken:
Was sollte er dem Kind bloß schenken?

An einem schmalen Wegesrand
er plötzlich eine Blume fand.
Die, nur diese soll es sein!
Die bring ich dem Kindelein.

Die Blume er nun hegte
und liebevoll sie pflegte,
damit ihre Blüten all
sie auch hätte noch im Stall.

Doch war der Weg dorthin sehr weit
und alles wurde eingeschneit.
Ein harter Winter war gekommen,
hatt' alle Blumen mitgenommen.

Als der Engel den Stall erreichte,
war er still, er sah, erbleichte.
Die Blume einst so zart und weiß
war festgefroren nun zu Eis.

Der Engel sich die Nase putzt'.
Leider hatten nichts genutzt,
all sein Hoffen, all sein Bangen.
Tränen liefen über seine Wangen.

Das Kindlein lacht, berührt die Blüte.
Der Engel staunt: «Du meine Güte!
Ein Wunder ist geschehn!
Die Blume fängt ja an zu blühn!»

Seit jener Zeit in unserm Land,
wird sie die Christrose genannt.

Christine Bienert

Aufräumen, nein danke!

Ich heiße Jens. Ich bin fünf Jahre alt, und räume gar nicht gerne auf.

Das ist der Vorspann, der ist wohl wichtig, weil sonst niemand weiß, worum es geht, hat mein großer Bruder gesagt. Und mein großer Bruder muß das ja wissen, der geht nämlich schon zur Schule.

Also, das war so. Ich habe mir zu Weihnachten ein Schiff gewünscht, so ein tolles mit Männern drauf, das auch richtig schwimmen kann. Ganz fest habe ich es mir gewünscht, und an das Christkind habe ich auch einen Brief geschrieben. Na ja, eigentlich hat ja mein großer Bruder den Brief geschrieben, aber gewünscht habe ich es mir alleine.

Am Heiligen Abend dann war ich sehr aufgeregt. Ob mir das Christkind wohl mein Schiff bringen würde? Immer wieder bin ich zu Mama hingerannt und habe sie gefragt.

«Warte es doch ab», hatte Mama gesagt.

Immer warten! Warten ist so langweilig. Ich hatte doch schon die ganze Adventszeit gewartet.

«Hast du endlich dein Zimmer aufgeräumt? Seit Wochen kommt man kaum noch hinein», hatte sie schließlich genervt geantwortet.

Aufräumen? O nein! Aufräumen war ja noch langweiliger als warten. Dann wartete ich doch lieber. Ich konnte ja schon den Hafen bauen, in dem das Schiff vor Anker gehen sollte.

Dann endlich, ertönte das Weihnachtsglöckchen. Wir gingen alle ins Weihnachtszimmer, sangen Weihnachtslieder, und die Geschenke wurden verteilt.

Mein großer Bruder kriegte einen bunten Teller mit vielen

Süßigkeiten und Nüssen und ein großes Paket. Ich bekam auch einen bunten Teller mit vielen Süßigkeiten und Nüssen, aber kein Paket.

Ich war traurig und sauer. Nur ein bunter Teller und kein Schiff! Nicht einmal etwas anderes hatte das Christkind gebracht. Dummes Christkind! Nie wieder würde ich ihm einen Brief schreiben. Und überhaupt, ich würde mir auch nie wieder etwas wünschen, nie, nie, nie, und Weihnachten wollte ich auch nicht mehr feiern.

«Sieh mal, da liegt ja ein Brief auf deinem Teller!» Mein großer Bruder hatte ihn schon in der Hand. «Darf ich ihn dir vorlesen?»

«Hm.» Was sonst sollte man einem neugierigen Bruder schon antworten?

«Der ist vom Christkind – da steht: Lieber Jens, ich hätte Dir gern ein Geschenk unter den Weihnachtsbaum gelegt, aber ich glaube fast, daß Du kein neues Spielzeug mehr gebrauchen kannst. Ich mußte leider sehen, daß in Deinem Zimmer lauter Spielzeug herumlag, und deshalb hättest Du Dich gar nicht richtig über ein neues Spielzeug freuen können. Das Christkind.»

Das war schlimm! Ich armer Jens! Ich habe mir richtig leid getan. Und weil ich nicht wußte, was ich nun anfangen sollte, bin ich in mein Zimmer gegangen und habe angefangen aufzuräumen.

Und wissen Sie, was ich gefunden habe? – Ein Paket!

Und wissen Sie, was in dem Paket war? – Mein Schiff!

Ich war riesig glücklich! Sofort mußte mein großer Bruder für mich an das Christkind schreiben, ganz schnell, und ganz eilig mußte ich mich beim Christkind bedanken. Vielleicht sollte ich den Brief mit einem schnellen Schiff schicken, oder mit einem Flugzeug, oder mit einer Rakete... ja, der Brief mußte mit einer blitzigen Rakete mitgeschickt werden.

Eine Rakete... hach ja, eigentlich war so eine Rakete auch ein tolles Spielzeug. Am besten wünschte ich mir im nächsten Jahr zu Weihnachten eine Rakete. Den Wunschzettel konnte ich dann schon gleich dem Brief beilegen.

Nur das Problem mit dem Aufräumen mußte ich noch lösen, sonst würde mir das Christkind im nächsten Jahr vielleicht gar nichts bringen.

Natürlich könnte ich ganz einfach aufräumen. – Keine gute Idee!

Oder meinen Bruder bitten für mich aufzuräumen. Eine bessere Idee!

Aber eigentlich hatte das Christkind nur geschrieben, daß es meine Spielsachen leider herumliegen *sehen* mußte.

Na, dann reichte es, wenn ich die Sachen einfach auf einen großen Haufen warf und eine große Decke darüber legte. Dann brauchte es kein herumliegendes Spielzeug zu sehen.

So, nun muß ich erst mal dem Christkind schreiben – fröhliche Weihnachten.

Hilda Dinse

Aus war der Traum

Es war Weihnachten im Jahre 1922. Ich war acht Jahre alt, meine Schwester neun. Unsere Mutter lag im Krankenhaus. Wir Kinder wußten nicht, was ihr fehlte. Am Heiligen Abend gingen wir mit unserem Vater die Mutter besuchen.

Es war ein weiter Weg. Damals fuhr man nicht gleich mit der Straßenbahn oder mit dem Autobus. Man ging auch weite Wege zu Fuß. An das Krankenhaus kann ich mich nicht erinnern; desto mehr aber an den Rückweg. Es wurde schon dämmrig. Vereinzelt sahen wir durch die Fenster der Wohnungen die Lichter an den Tannenbäumen brennen. Wir hatten keinen Tannenbaum, über den wir uns hätten freuen können.

Wir Kinder wurden müde, und die Füße taten uns weh... Um uns etwas aufzumuntern, sagte unser Vater: «Wenn Mama wiederkommt, bringt sie etwas mit.» Wir rieten nun hin und her, was das wohl sein könnte; aber Vater sagte nur immer wieder: «Nein, das ist es nicht.» Als wir nun gar nichts mehr zu raten wußten, sagte unser Vater: «Es ist etwas Lebendiges.»

Nun wußte ich, daß manche Leute zu Weihnachten Gänsebraten essen. Ach, ich hätte auch so gerne Gänsebraten gegessen; aber der war für uns unerschwinglich. Eine leise Hoffnung stieg in mir auf. Sollte Mama vielleicht eine Gans mitbringen?! «Papa», fragte ich, «bringt Mama eine Gans mit?» – «Nein», sagte er, «sie bringt ein kleines Mädchen mit.» Aus war der Traum vom Gänsebraten. Eine kleine Schwester war geboren.

Jeanette Esch

Klasse 9c I

Vorfreude

Wenn die Tage kürzer werden
denk' ich nicht ans Robbensterben.
Auch an Aids denk ich nicht gern,
ich freu' mich auf den Weihnachtsstern.

Wenn die Tage kürzer werden,
weiß ich, uns're Wälder sterben.

Das Ozonloch stört mich kaum,
ich freu mich auf den Weihnachtsbaum.

Wenn die Tage kürzer werden
in aller Welt die Kinder sterben.
Sie haben nicht einmal ein Haus,
ich freu mich auf den Weihnachtsschmaus.

Stefan Heinrichs

Klasse 9c 1

Weihnachten heute

Viele Menschen auf der Welt
denken in der Weihnachtszeit nur an Geld.
An Geschenke, Süßigkeiten, ach wie fein,
aber wie mag es bei den Menschen
in den Notgebieten sein?
Sie haben nicht einmal ein Stückchen Brot,
und in der kalten Weihnachtszeit
beginnt für sie die Not.

In der Weihnachtszeit ist es üblich
sich zu freuen und zu lachen.
Die armen Menschen müssen sich nur Sorgen machen.
In manchen Teilen der Erde gibt es Menschen,
die sich für Gott bekriegen,
anstatt sich in der Weihnachtszeit zu lieben.

Ist das denn eine normale Welt?
Nein, Schuld ist, wie gesagt, das Geld!

Sandra Hucks

Klasse 9c I

Ist das wirklich Weihnachten?

Ist Weihnachten wirklich die schönste Zeit im Jahr?
Ist das denn wirklich wahr?
Ist das denn wichtig?
Und ist alles, was wir machen, richtig?

Dieser Streß heute und morgen
macht uns jedes Jahr Sorgen!

Was braucht denn die Tante für Geschenke?

Man bedenke!

Dieser Streß auf den Straßen
bringt uns immer ins Rasen.
Ein Gedränge in den Läden,
da kommt es häufig zu Schäden.
Viele Menschen streiten sich heute
mit großen Taschen um die Beute.
Ist das der Sinn
bei dem Gewinn?
Hast du schon gehört,
was viele stört?

Viele Menschen kaufen, laufen um die Sachen.
Was will man damit denn bloß machen?
Ist das Schenken denn gar so wichtig?
Ist das geplante Geschenk denn auch richtig?

Ist das der Sinn
bei dem Gewinn?

Weihnachten, wo bist du?
Leg dich nicht zur Ruh!
Denn das Licht auf Erden
soll uns're Hoffnung werden.

Ja, *das* ist der Sinn!!

Patrick Vorgerd

Klasse 9c1

Wie sieht Weihnachten wirklich aus?

In der Weihnachtszeit wird es christlich und bunt,
und überall sieht man einen lächelnden Mund.
Doch die Welt ist anders, sie ist gemein.
Die Skinheads verbrennen das Ausländerheim.

In Jugoslawien fliegen die Fetzen,
da geht es echt rund.
Es wird geschossen und zerstört ist der Bund.
Die Führer schrien: «Wir wollen Krieg!»
Erringen kann aber niemand den Sieg!
Der Dauerkrieg muß enden, wir wollen nicht mehr.
Wir brauchen Hilfe, Christus muß her.

Ulf Heimann

Klasse 9c 1

Die Welt zu Weihnachten

In einer Zeit,
in der die Gewalt regiert,
in der die Bösen herrschen und
in der die Umwelt zerstört wird,
kann man nicht leben.

In einer Zeit,
in der sich sogar Kinder gegenseitig töten,
in der die Kinder der Dritten Welt verhungern und
in der das Geld regiert,
kann man da denn leben?

In einer Zeit,
wo zu Weihnachten nicht gesungen wird,
wo zu Weihnachten nur gegessen und
getrunken wird und
wo die Kinder zu Weihnachten mit Geschenken
überhäuft werden,
wie soll man da leben?

Es wird Zeit, daß wir etwas ändern!

Clara Kramer

De Treckwogen

Si bilütten güng dat warrer opwarts in Düütschland. No de Währungsreform in'n Juni 1948 wüür veel in de Kiekfinster to sehn, wat johrelang verswunnen wüür.

Heiner Aldag bummel dörch de Stroten vun Buxtud (Buxtehude) un keek sik de Utlogen an. Wat dat nich all'ns geev!! De Jung harr sien Freid, sowat Scheunes antokieken. Jo, bi't Ankieken wöör dat wull ok blieben.

Wiehnachten keum ümmer neuger, un de Stroten un Finster wüürn hill von Lichderkeden. Vör een Speelwoornladen bleef he batts stohn. Merden mank de Speelwoorn stünn een Treckwogen. De driggt sien twee bet dree Zentner, dacht Heiner so bi sik. So een kunn he good bruken. Ober 45,–Mark, dat wüür de Pries, nee, soveel Geld harr sien Mudder nich öber. Dat Inkomen reck jüst för de Miet', Strom un Kohlen. Een warme Dööns harrn se ümmer. Eten un Drinken müß ok jo ween. Wüür foken knapp, kott no den Krieg. To'n Tuschen harrn se nix, un de Lebensmiddelkorten, de goranteern man jüst een Öberlebensschangs.

So gans in sien Sinneern verloorn hüür Heiner blang sik wispeln: «Wat will de Hungerlieder denn hier? Wat he süht, kann sien Mudder sowieso nich keupen. De hebbt doch nix in de Melk to kreumeln.» Minnachdig keek Jochen Palm Heiner vun de Siet an, as he disse Wüür sien Fründ Hinnik Feindt in't Uhr fluster. «Oh kiek mool, den scheunen Treckwogen, Hinnik, den wünsch ik mi to Wiehnachten. Mien Vadder köfft mi den, dat is wiß. Door kann ik scheun mit rümkarjohlen un vun'n Diek hendool susen», prohl Jochen. De beid'n Jungs harrn jümmern Vadder noch, un se wüürn rieke Buurnjungs. 1945 wüür Heiner sien Vadder noch op düütschen Bodden fulln. Jümmer smuck Tohuus is 1943 in Altno (Altona) utbombt worrn. Oma, Opa un Tannt' Grete sünd in den Füürstöörm ümkomen. Nix wüür nobleben, rein gor nix. Een Dack över'n Kopp harrn se jo warrer bi Buur Palm, ober jüm fehl' dat noch an all' de Ecken un Kanten.

Weeh doon hett Heiner, wat Jochen door eben seggt hett. Worüm bloots? Wenn Jochen mit de Huusopgoben nich kloor keum, hett he em doch ümmer holpen! Still und bedröfft güng Heiner to Siet un kunn noch seh'n, datt de beid'n sik jümmer Näsen an de Kiekfinster plattdrücken dän.

De Greunhöker an de Eck' harr so'n Treckwogen. Kutüffeln to'n Inkellern hett he de Lüüd in de Middogstiet or no Fierobend in de Keller bröcht. Swoor füll em dat mit sien tweischoten linke Hand. Door seten an Steed vun de Finger bloots so'n poor iesern Krallen to'n Griepen an. Foken hett Heiner mit topackt, wenn he jüst vörbi keum. Kreksen un Kisten harr he al ümmer opstopelt. Füll foken Greuntüüch för de Zeeg un de Koninken af.

Jo, hüüt Obend wull he dat mit den Treckwogen mool mit Mudder besnacken. In de letzt' Tiet keum se ümmer bannig loot vun de Arbeitssteed. Geef veel to doon in de Wiehnachtstiet, entschüllig se sik.

Een Slötelkind wüür Heiner. Dat wüür de Utdruck för Kinner, ob de nümbs teuf, wenn's ut de School keumen. De Slötel för de Huusdöör bummel jüm an een Sacksband üm den Hals. Vör een warme Mohltiet harr Fro Aldag ober ümmer sorcht. Supp' or Brootkutüffeln stünn to'n Opwarmen proot för ehrn Jung'n. De lütt Koot wüür ümmer oprüümt un propper iehr se moddens Klock söben ut'n Huus güng.

To Wiehnachten schull Heiner sien groten Koninkenbuck in'n Putt. Wiet wech wull Heiner lopen, wenn Buur Palm sien Knecht Hannes em an't Fell güng. Bloots doran dinken, un sien Kehl wüür dicht. Nich een Happen wöör he dorvun eten.

In Heiner sien Achterkopp steek de Treckwogen. Wat kunn he nich all'ns dormit beschicken. Gras op de Wischen snien för de Zeeg. Hunnenbloom (Löwenzahn) un Kleber (Klee) för de Koninken. He bruuk keen Sack miehr no Huus to slepen, all'ns kunn he op den Treckwogen smieten. Jo, ok Anthrazit (Steinkohlen) un Briketts wöör he vun den Kohlenhöker afhol'n. De Bringlohn kunn spoort warrn. In sien Sinnern seh' he sik al mit den Treckwogen rümschirrwarken. Öberall stünn doch schreben – Ratenzahlung möglich –, or, zahlbar in 24 Monatsraten –. Ober sien Mamma köff't bloots wat se betohlen kunn. Also: «Aus der Traum», sä Heiner luut to sik sülm, un batts stünn he warrer mit beid' Feut op de Ier.

Obends Klock söben keum Fro Aldag vun de Arbeit. Wat Heiner nich wüß, se harr no Fierobend noch een Kontor reintomoken annohm. De Jung wüür so wussen, he müß Kleedoosch hebben. Een lütten Dannenboom müüch se an'n Hillig Obend ok in de Dööns stell'n.

«Oha, nu mütt ik ober fuurts an mien Huusopgoben, Mudder kummt jo al glieks vun de Arbeit», mohn Heiner sik mit een Schuul'n op de Klock. Kotte Tiet loter stünn Fro Aldag afmoracht in de Köök un freug: «Na, mien Jung, büß noch nich farig? Kummst nich kloor? Schall Mamma di helpen?» – «Nee Mamma, ik hebb hüüt rümdräumelt», anter Heiner.

Bi'n Obendbrot wüürt denn sowiet, datt Heiner sien Anliggen mit den Treckwogen sien Mudder smackhaft moken müüch. Ober vun betohlen in'n Roten harr se nix mit in Sinn. «Heiner, veel neudiger bruukst du Tüüch. Büß mi öberall ruutwussen. För den Wiehnachtsbroden hest du jo sorcht», geev Mudder Aldag to bedinken. «Mamma, köönt wie de Konink nich verkeupen? Ik kann dor nix vun eten. Wenn'k bloots doran dink, hebb ik al een Klüten in't Halslock. Froog doch den Buurn mool, ob he mien Koninkenbuck gegen een Goos tuschen wöör.» Heiner harr Troon in de Oogen. Sien Jonny, so neum he sien Konink, harr sik ümmer vun em strokeln loten. Sien Schreed kinn he al, un rammel vör Freid an de Kobendöör, wenn Heiner mit Foder keum. Nee, leber keen Treckwogen; denn schull Mudder man een Broden keupen.

Hüüt wüür nu de Hillige Obend. Klock süß sünd Mudder un Söhn to Kark gohn. Johrin – johrut klüng de Gottsdeenst mit uns scheunstes Wiehnachtsleed – Stille Nacht, heilige Nacht – ut.

Dat wüür bannig koold un al fix düster, as se ut de Kark keumen. Achter eenige Finsterruten brennen al de Dannenbäum. Op Mudder wull een harr? Siet güstern harr he noch in de Dööns dröfft. So lütt wüür he jo wohrrafdig nich miehr mit sien knapp 14 Johr. Ober loot Mudder man dat Vergneugen mit de Heemlichdoeree, dacht Heiner bi sik.

Jonny hett öberlevt. Mudder harr vun Fro Palm een Eunt kregen för neihn un flicken. Nie nich hett se ehr Hannen in'n Schoot leegt. Een fliedige Fro wüür sien Mudder.

In de Köök müß Heiner teuben, bet sien Mudder ut de Dööns reup: «Nu komm, mien Jung', is Wiehnachten.»

Merden in de Dööns stünn de Treckwogen, liek as de bi den Speelwoornhöker in't Kiekfinster. Een Dannenboom stünn in den Wogen un de Lichder brennen al. Ünner den Treckwogen wöör Heiner nu ok noch een Büx un een Joppen wies. «Mamma, Mamma», mit een Jubelschree hüng de Jung' an Mudders Hals. «Dat ist veel to veel för mi. Du büß un bliffst de allerbest' Mudder», stomer Heiner för Freid. «Is al good, mien Kind, büß doch all'ns wat mi bleben is no dissen gottverdammten Krieg. Dien Vadder fehlt uns düchdig.

Stult wüür he ween, wenn he sien groten Jung'n nu sehn kunn», sä de junge Kriegerwittfro mit bebern Stimm, un snucker liesen in ehr Snufdook.

Gans sacht hol Heiner ut sien Büxentasch een lütte, in Wiehnachtspopeer inwickelde Schachdel. Unbeholpen un verschoomt geef he se sien Mudder. «Dat is för di, Mamma.» Fro Aldag verfehr sik. De Jung kreeg doch gor keen Taschengeld! Vörsichdig wickel se ut, wat ehr Söhn ehr dor to Wiehnachten schinkt harr. Een fine Sülverkeed mit een lüttet Krüüz an, se kunnt nich foten: «Heiner, de is ober smuck, ik frei mi gans dull, ober du hest doch», wieder keum se nich. «Mamma, ik hebb no de School den Greunhöker jeden Dag twee Stünn holpen. Dat Geld hebb ik spoort un de Keed för di köfft», sä Heiner mit blanke Oogen. Gans fest neuhm se ehr Kind in de Arms un drück em an sik: «Vun Harten Dank, mien Heiner.» Troon hebbt ehr de Stimm stickt. Ober se harr sik gau warrer ünner Kuntrull.

Kommodig seten de beiden in de Dööns. Op'n Disch leeg de Bibel. Dat wull nich Wiehnachten warrn, iehr Mudder de Wiehnachtsgeschicht' leest harr. Se steiht bi Lukas in't twete Kopittel un end't:

Ehr schall ween Gott in de Hööcht
un Freden op de Ier
un de Minschen een Wohlgefall'n.

Clara Kramer

Advent

Advent, wo scheun in't Uhr dat klingt.
Hüürt ji, wat uns de Ingels singt:
«Nu mookt joo proot, bald is't so wiet,
to Döör kummt rin de Wiehnachtstiet.

Uns Dööns de rüükt no Dannengreun.
Adventlichten brennt gor so scheun.
Iers een, denn twee, bald dree un veer.
Hillig Obend pucht nu an de Döör.

Mudder is an't Plättenbacken.
Kinner helpt mit rode Backen.
Een Rüken treckt dörch ganse Huus.
Advent, Advent, oh wat een Lust.

Appeln schüllt in'n Oben prütteln.
Fro Holle müch de Betten schütteln.
Uns Kinnerhatt glieks jucht un lacht.
Wi freit uns op de Sneeballslacht.

Lütt Diern, lütt Jung, paßt mi good op,
vun Heben kummt nu in'n Golopp
Mit'n Sleden un twee smucke Peer
Christkind mit Ruprecht op uns Ier.

In jeeden Huus kiekt se mol in.
Wüllt weten, is ok good dat Kind?
Büst good, denn kummt an Hillig Obend
de Wiehnachtsmann mit sien Goben.

Nu freit joo op de Wiehnachtstiet.
Mookt wiet joon Hatt, gans wiet, gans wiet.
Dinkt ok an arme, hungrig Kinner.
Wi mööt helpen hüüt un ümmer.

Wi Christen weet, wat is to doon.
Gott Voder schickt uns wiß sien Lohn.
Op witt op swatt, op arm op riek
Vör Gott sünd all de Minschen gliek.

Inhalt

Weihnachtsgeschichten

Das Weihnachtsfest hat für den einzelnen und für jede Familie eine eigene Bedeutung und Geschichte, geprägt durch Erinnerungen und Traditionen, die von Generation zu Generation weitergegeben werden. Die Geschichten der vorliegenden Bände laden ein zum Lesen und Vorlesen und regen dazu an, eigene Geschichten zu erzählen.
Die ehemalige NDR-Redakteurin **Ursula Richter** gibt die «Weihnachtsgeschichten am Kamin» seit über zehn Jahren bei rororo heraus, deren Gesamtauflage bei über einer Million Exemplaren liegt.

Weihnachtsgeschichten am Kamin
Band 1 (rororo 15985)
Band 2 (rororo 12167)
Band 3 (rororo 12393)
Band 4 (rororo 12717)
Band 5 (rororo 12861)
Band 6 (rororo 13021)
Band 7 (rororo 13262)
Band 8 (rororo 13427)
Band 9 (rororo 13541)
Band 10 (rororo 13697)
Band 11 (rororo 13976)
Band 12 (rororo 22266)
Band 13 (rororo 22417)

Gespenstische Weihnachtsgeschichten am Kamin
Gesammelt von Vera Pagin und Ursula Richter
(rororo 22437)
Was wäre, wenn am Heiligen Abend nicht das Christkind käme, sondern ein Gespenst? Der vorliegende Band enhält lauter schaurigschöne weihnachtliche Spukgeschichten.

rororo Unterhaltung

Die schönsten Weihnachtsgeschichten am Kamin *Eine Auswahl der schönsten Geschichten aus Band 1 - 12*
(rororo 22436)

Ursula Richter / Dorothee von Tiedemann (Hg.)
Weihnachtsgeschichten am Kamin erzählt von Prominenten
256 Seiten. Gebunden. Wunderlich
Ein Buch, das unbedingt unter den Tannenbaum gehört. Mit Geschichten von Dagmar Berghoff, Gert Haucke, Alida Gundlach, Monika Peitsch und vielen mehr.
Vom Erlös eines jeden verkauften Exemplars gehen zwei Mark an das Kinderhilfswerk Plan International.

3680/1